中华先贤人物故事汇

汤显祖

朱隐山 著

中华书局

图书在版编目（CIP）数据

汤显祖/朱隐山著. —北京：中华书局，2022.1（2024.12重印）
（中华先贤人物故事汇）
ISBN 978-7-101-15405-4

Ⅰ.汤… Ⅱ.朱… Ⅲ.汤显祖（1550~1616）-生平事迹
Ⅳ.K825.6

中国版本图书馆 CIP 数据核字（2021）第 208504 号

书　　名	汤显祖
著　　者	朱隐山
丛 书 名	中华先贤人物故事汇
责任编辑	董邦冠
美术总监	张　旺
封面绘画	张　旺
内文插图	张华飚
责任印制	管　斌
出版发行	中华书局
	（北京市丰台区太平桥西里38号　100073）
	http://www.zhbc.com.cn
	E-mail:zhbc@zhbc.com.cn
印　　刷	三河市宏达印刷有限公司
版　　次	2022 年 1 月第 1 版
	2024 年 12 月第 4 次印刷
规　　格	开本/787×1092 毫米　1/32
	印张 3¾　插页 2　字数 50 千字
印　　数	12001-15000 册
国际书号	ISBN 978-7-101-15405-4
定　　价	20.00 元

出版说明

孔子周游列国，创立儒家学说；张骞出使西域，开辟丝绸之路；书圣王羲之，留下了曲水流觞的佳话；诗仙李白，写下了"举头望明月，低头思故乡"的名篇；王安石为纠正时弊，推行变法；李时珍广集博采，躬亲实践，编撰医药学名著《本草纲目》……

这些杰出的历史人物，有的是在中华民族文明进程中做出过突出贡献、对后世产生过巨大影响的思想家、政治家，有的是对中华优秀传统文化的传承传播发挥过重大作用的文学家、艺术家、科学家，有的是为国家安定统一、民族融合团结和中外文化交流做出过杰出贡献的军事家、外交家……他们为中华民族的繁荣发展做出了伟大的贡献，他们的行为事迹、风范品格为当世楷模，并垂范后世。

他们是中华民族的先贤人物。他们的思想、品德、事迹，是中华优秀传统文化的结晶；他们的故事，是对中华民族的禀赋、特点和气质最生动、最鲜活的阐释；他们的名字，在五千年中华文明史上最为光彩夺目；他们为五千年中华文明史书写了最为光辉灿烂的篇章。

为了解先贤，走近先贤，我们精心组织编写了这套《中华先贤人物故事汇》丛书。以翔实可靠的史料为依据，以细腻动人的故事为载体，真实地呈现中华先贤人物的事迹、品格和精神风貌，彰显他们的贡献和功绩，以激发人们对国家民族的热爱，对中华文明、中华优秀传统文化的崇敬。

开卷有益，期待这套丛书成为你的良师益友。

目 录

导 读

汤显祖（1550—1616），字义仍，号海若、若士、清远道人、茧翁等，是活跃于明朝后期的戏曲家、文学家和诗人。

汤显祖少年时曾从徐良傅学古文词，又拜入阳明心学泰州学派传人罗汝芳门下。他青少年时期便显露出常人难及的文学才华，与众多前辈及同辈文人建立了联系，同时养成了不攀附权贵、耿介自守的性格。

汤显祖二十一岁中举，三十四岁进士及第，此后有十五年的仕宦经历。他有极富个性的文学主张，有明确的政治立场，有批判朝廷不良风气的勇气，为官时也能有所作为。

由于上书言事、批评执政大臣，他在万历十九年（1591）四十二岁上，由南京礼部祠祭司主事被贬为徐闻典史。他在赴任和北归途中，先后漫游了罗浮山、澳门、肇庆等地。这些入山出海的游历经验，为创作《牡丹亭》等戏曲作品提供了不少素材和灵感。

　　由徐闻北归后，他在遂昌县担任知县数年，于万历二十六年（1598）弃官回到临川隐居，筑"玉茗堂"，开始集中精力创作戏曲。除完成于南京任上的《紫钗记》和更早的《紫箫记》外，他的另外三部戏曲代表作《牡丹亭》《南柯记》《邯郸记》均完成于弃官归隐于临川的岁月。

　　汤显祖的诗文和戏曲创作于入仕前即已开始。在当时以及后世看来，他最重要和最璀璨的身份，依然是才子、文人，而不是一名官僚。他的众多创作中成就最高的还是戏曲，其中《紫钗记》《牡丹亭》《邯郸记》《南柯记》合称为"临川四梦"，又叫"玉茗堂四梦"，都与"梦"有关，都以"爱情"为主题。其中在当时及后世影响最大的当数《牡丹亭》，写的是一位年轻女子因情而死，又因情而复生的故事。《牡丹亭》体现了汤显祖思想中挣脱礼教束缚、追求个性解放的一面。《牡丹亭》的出现，在人气上超越了此前风行的《西厢记》，如比汤显祖小近三十岁的沈德符所言，"汤义仍《牡丹亭》梦一出，家传户诵，几令《西厢》减价"，作者"才情自足不朽"。

从姑山求学

　　嘉靖四十五年（1566），汤显祖十七岁，还是一位到从姑山上求学的青年。从姑山位于抚州东南的南城县近郊，离汤显祖的祖宅有些距离，但也不算遥远。

　　十多年前，大儒罗汝芳在家乡南城县郊创办"从姑山房"，在从姑山上讲学，引得四方学者与儒生纷纷前来探讨、问学。后来，罗汝芳宦游各地，从姑山上的讲学时断时续。嘉靖四十一年（1562），罗汝芳回乡省亲，汤显祖便拜入他的门下，跟随学习。

　　收汤显祖为弟子后，罗汝芳便离开家乡，赴任安徽宁国府知府。所以，在这四年里，汤显祖没有什么亲承教诲的机会。如今先生因父丧再次离任回乡，讲学于从姑山，汤显祖便协同几位好友一道上山问学，以期在举业与文辞之学外，寻得安身立命的大学问。在他的期待之中，罗汝芳带给这些青年的，或许是另一个广阔的天地。

几年前，汤显祖已成了县学里的生员，此番上山，是这位才华横溢的汤秀才人生中的重要一课。求学与进学，对于汤显祖而言，更可能是一种宿命。这条路的真正意义，未必全在于它的终点"入仕为官，修齐治平"，还在于沿途目睹到的诸般好风景。

这些好风景，犹如汤显祖初上从姑山时饱览的山川草木、泉石云霞那般，镂刻在他的心间。犹如大儒罗汝芳先生在山上再见到他时那惊心动魄的追问："当年，你犹是稚气未脱的少年，未及与你深谈。转眼数年，你已是玉树临风的青年了，甚好，甚好！我有一问，算是对你的考核——你可知你名'显祖'二字的含义？"

"我的名是祖父赐下的，但他从未对我言明出处与用意。显祖幼时在家塾读书，后师从徐良傅老夫子学习，倒也读了一些书。自己琢磨过，觉得或许出自西汉韦玄成《戒子孙诗》里的末两句——'无忝显祖，以蕃汉室'。韦玄成之家，世代为儒，韦玄成和他的父亲都担任过汉朝的丞相，可谓不辱家声，且能光宗耀祖，他写这诗，是希望自己的子孙后代能依旧如此。我汤家当然比不了韦氏的显赫门庭，不过至今也有好几代诗书相传，祖父或许希望我也能如韦家子弟那般进德修业、出仕任官，光耀汤家的门楣。"

汤氏家族在文昌里聚居已有六世之久了，在城内唐公庙一带另有住宅、家塾和其他产业，称得上是殷实人家。汤家以耕读传家，到汤显祖这辈，已出了五代读书人，物质充裕且精神富足，在当地颇有名望。美中不足的是，文昌里汤氏极少有在朝廷任官的家庭成员。对于汤显祖的祖父汤懋（mào）昭来说，这不能不算是一个心结。

汤懋昭自己志在山林，喜欢修仙问道。他膝下的两个儿子也算饱学之士，但于仕途都不热衷——要么好诗词戏曲、才子文章，要么精研黄老之学。一个家族要想有更好的发展，需要有人到朝廷去做官。从给孙辈的命名能看出，汤懋昭将这方面的希望都寄托在长孙汤显祖身上了。

"你读圣贤书，当有修身、齐家、治国、平天下之志，要遂此志，出仕是自然，孟子所言'达则兼善天下'者是也。北边搬演杂剧，有一出《庞涓夜走马陵道》，里头有句唱词道：'学成文武艺，货与帝王家。'则是通俗一些的说法。你家中长辈的这般想法，正是每家每户对自家儿郎的期盼。不过，倘若未来你的举业之路坎坷或仕途不顺，你当如何？"

这是罗汝芳的第一次追问。因为天资高，汤显祖在五岁的时候，就能在人前对对子，被称为神童。等到长大一些，他更成为同辈中的佼佼者，是少年学子们羡慕和学习的对象。因为才华出众，他对前途并没有忧虑之心，只觉得一切美好的东西在他面前缓缓展开。举业之路不顺或仕途坎坷这样的问题，他之前从未考虑过。

此时站在从姑山房前，面对罗汝芳追问的汤显祖并不知道，类似这样的追问，在未来他与老师交流的许多日子里，还会经常遇到。这些追问，有时候显得咄咄逼人，有时候难免对他的热情大泼冷水，但每每能在他懵懂、困惑或颓唐的时刻，给他当头棒喝，令他感到醍醐灌顶。

"老师刚提到了孟子。孟子那句话的上半句，或可作为我对老师的问题的回答，'穷则独善其身'。但对于这个问题，弟子其实心虚得紧，不仅不知道困顿坎坷之时，到底该怎样独善其身，也不知如果真正入仕，又到底该怎样兼善天下。《尚书》中说：'非知之艰，行之惟艰'；《春秋左传》里说：'非知之实难，将在行之'。所以，我固然能用孟子这句名言来回答老师，但是，到底如何做到入仕后如老师这般守住本心，做好本分，造福一方？又如何像老师追问的那般，在困顿坎坷之时不至于陷入偏见与激愤，而能一如既往、不改初衷？在没有真正遭遇这些情况之前，我其实是不知道答案的。"

说完这番话，汤显祖沉吟了许久。罗汝芳并没有立即接他的话。师生两人就这样相对无言。对罗汝芳而言，他需要多给他的这位弟子一点时间，让汤显祖好好消化自己刚刚提出的疑惑。对汤显祖而言，老师的沉默倒没有令他慌张。他的性格并不拘谨，甚至有很活泼好动的一面。如今这沉吟，大概不是他陷入苦心焦思的结果，只不过试图先将问题抛到一边不去想。十七岁的汤显祖总是觉得，对于漫长的人生来说，未来还有些遥远，现在并不急着解答这些问题。

老师的声音打破了沉寂。罗汝芳清了清嗓子，接过汤显祖的话说道："孺子可教也。你的疑惑我也曾有过，甚至直到今日，也不敢说自己真正参悟出了答案。我的老师颜山农，是阳明先生的再传弟子，我算阳明先生的三传弟子了。阳明先生说过，'一念发动处，便即是行了'，可见有时候，知与行是分不开的。你从圣贤书中读来、从前人言论中学来的道理，是知，也是行，但这，只是'行'的一部分，要待在今后的人生中去切实运用，方可谓真的'行'了。倘若没有后面这些真正的'行'，则之前的所谓学、知，就是假的'知'了。阳明先生当年于贵州龙场悟道后，渐渐便总结出了'知行合一'四个字。"

汤显祖并非没有听过这四个字。此前，他对本

罗汝芳接过汤显祖的话说道:"孺子可教也。"

朝新创的阳明心学也有涉猎，如今结合老师所说来理解，倒是让他有些豁然开朗。不过要到日后抉择与行事之时，今日这番师生对答，以及从前人那里学来的道理，才能真正显示出它的作用，成为"知"，给予他守住本心的力量。这或许是罗汝芳送给他的真正的入门礼物。

当然，从姑山上青年们的生活并不总是这样严肃。南城县近郊多山，大名鼎鼎的麻姑山也坐落在此。唐代书法家颜真卿担任抚州刺史时，就在这里写下了《有唐抚州南城县麻姑山仙坛记》，成为他的代表作之一。从姑山犹如仙境一般，山脚下的盱江和黎滩河两江如练，山上的"潜光轩""朝阳阁""得仙亭"等亭台楼阁，让青年学子们在读书论辩之余，多了赏游盘桓之乐。

赏游盘桓的间隙，同学之间也少不了互相交流切磋。与汤显祖一起在山上求学的姜鸿绪，就常在山水之间拉着汤显祖探讨艺文之事。相处久了，姜鸿绪似乎发现了汤显祖骨子里更令人惊艳的另一种天赋。

"你十二岁时写的诗就很让人惊艳了，天分真是好得惊人！我现在都会背了。"姜鸿绪说，"你该多写些诗才对，这样才不辜负自己的才华，不要太卖力读那些圣贤书啦！"

他不顾汤显祖一脸无奈的表情，自顾自地开始背诵那首《乱后》："……转略数千里，一朝万余口。太守塞空城，城中人出走。……况复流离人，世故遭阳九。"背诵完，姜鸿绪还向其他同学解说了一番此诗的写作背景。当年邻县遭遇匪乱，汤家举家外出避难，回来后，汤显祖就作了这首诗。

其他同学也纷纷夸奖汤显祖少年天才，作此感事伤时的诗，不输杜甫。这时候，平时能言善辩的汤显祖却红着脸说："虽然我也很喜欢作诗，但诗文不能救世。要救世，当然得有更深广的学问，辞章毕竟是小道。"

"这你就错了，我们临川出过不少令人景仰、思慕的贤人。这些人不仅学问好、才情好，也有好几位仕途亨通，如官至宰相的晏元献公（晏殊）和王荆公（王安石）。但是宰相不是谁都能做到的，不能做宰相，做个才子也不错。如晏元献公的儿子晏小山（晏几道）和曾居临川的南丰先生（曾巩），他们笔下的辞章又何曾小了？官职高低，并不影响他们在文学上的成就。"姜鸿绪说。

是立志做晏元献公、王荆公，还是做晏小山、南丰先生？姜鸿绪这番话说完，这个问题开始萦绕在汤显祖的心头，好像比老师当日的那几声追问还要更难回答。

着意作诗人

　　写下《乱后》的汤显祖不过十二岁，在此之前，他已经是临川一带远近闻名的神童了。毫无疑问，少年汤显祖是很好的"读书种子"，除对儒家经典、举业之学以及儒家的"性命之学"有初步涉猎外，他在作诗这件事上也颇下过一番工夫。并且，在人生的早年，汤显祖靠"诗人"的身份，在文人士大夫的圈子里获得了认可。在这个"着意作诗人"的阶段，他走得倒也算顺遂：十四岁中秀才；二十一岁时参加江西乡试，以第八名中举，具备了做官的资格。要想更上一层楼，就得继续进学、考取进士了。

　　时光荏苒，这时已是隆庆六年（1572）的夏末，明穆宗驾崩，明神宗即位。这一天，抱病的汤显祖一脸苦恼地对他的书童说："谭尚书即将赴京，随后去北境整治军备，本地士绅纷纷设宴，为尚书饯行。我也想为尚书送行，可这场病来得真不是时候啊，该如何是好呢？"

书童长年跟随在汤显祖身边，耳濡目染，倒也识得许多字，称得上是聪明灵秀。不过有些事却是他不明白的，譬如汤显祖眼前的这桩心事。听了这番话，他疑惑地问道："您何时与谭尚书熟识的呢？而且他是尚书这样的高官，咱们是不是不一定能说得上话？"

谭纶是朝廷重臣，还是名将戚继光早年的伯乐。在隆庆朝后期，他从任上告假回老家宜黄休养。宜黄与临川同属抚州，所以汤显祖与这位尚书大人也算是同乡。此时，内阁首辅张居正以新皇帝的名义将五十多岁的谭纶召回，任兵部尚书，整顿防务。

听了书童的疑惑，汤显祖耐心地解释道："谭尚书是一代英豪，又是我的同乡前辈，我内心对他很是敬佩，有这样与他接触的机会，当然是让人激动的。而且谭尚书礼贤下士，未必不会接见我。

"不如您预备好给他的礼物，作好给他的诗，待他临行，由我为您送去不就行了？"书童道。

经书童这么一提醒，汤显祖兴奋地对书童道："你这书童，倒也聪明。待我赋诗一首，连同古刀一对，及琴、扇、金印等，你替我一同送给谭尚书。"

这首诗是汤显祖以诗文干谒的早期代表作。在前一年（1571），汤显祖中举之后便赴京参加春试，然而名落孙山。他在诗中迫切地流露出自己为国效力的愿望：

> 上林飞雁满金河，杀气边头赤羽多。相国南来征竹箭，尚书北上拥雕戈。终知热坂熏岚净，待要寒门气色和。入塞定多铙吹曲，传来帐下美人歌。
>
> ——《送谭尚书行边》

在诗前，他写了一段小序，表达了对文武双全的谭纶的敬重之情，以及自己因病而未能亲自为谭纶饯行的遗憾。除这首诗外，他还备了其他礼物：古刀一对、琴一张、金印三枚、扇一把，可见汤显祖景仰前辈的用心。

谭纶虽然不认识年轻的汤显祖，但也没有怠慢家乡的青年士子。他将礼物和诗收下，又取双刀中的一把寄回，并附上了答谢的书信。信中的一些语句，显然是一些客套恭维话，但汤显祖依旧很珍视它。收到谭纶的来信后，他将单刀又寄了回去，依旧附上一首诗及小序，再申心意。

汤显祖把写给谭纶的第二首诗和小序的意思，告诉了书童："这两把刀本是一对，一雌一雄不能分离。倘若分离，刀在半夜时会响动和发光。谭尚书看到，恐要受到惊吓，所以我让你将刀再次送去。"

书童又问："那么，谭尚书之前给您的回信里说了些什么呢？"

汤显祖爽朗地笑了，对书童说道："他在回信里夸我，说我有成为文武全才的资质，因而回赠其中一把宝刀给我。同时，他为受赠宝刀而感到很惭愧，因为觉得自己还比不上汉朝的绛侯周勃与颍阴侯灌婴这两位名将。"

收到谭纶的来信后，汤显祖将单刀又寄了回去。

"当然，我知道那是尚书的客套话和谦逊之语，不能当真。可是明知如此，我却依然感到高兴。"汤显祖说。

这年除夕的时候，邻居家失火，火势蔓延到了汤宅。当时是黑夜，汲水不便，火势没有得到及时控制，到天亮才熄灭。汤家累积了几代的藏书几乎全被烧毁。汤氏家族虽然遭受了很大的损失，但也不至于从此一蹶不振。

万历二年（1574）的春天，汤显祖第二次参加礼部主持的会试，遗憾的是，这次他又落榜了。

汤显祖当时的心情非常郁闷。这时他又想到了同乡前辈、官居尚书的谭纶。这位怀才不遇的年轻人大概是想找谭纶一诉衷肠，便去了尚书府邸拜谒谭尚书。不巧的是，汤显祖前后一共去了四次，都没见到自己心目中的这位英雄。尚书要么是在府中与某位官员饮酒，要么是与某位将军商议要事，要么是在午休，要么是在宴饮。汤显祖觉得不便打扰，每次都识趣地退下了，最终也没有见成自己崇敬的这位乡贤。

回乡之前，他投赠了一首《留别大司马谭公》

给谭纶，并在书序中再次表达了自己的倾慕与未来相见的渴盼。三年之后，谭纶去世，汤显祖与他心目中的英雄在现实世界里无法更进一步地交往了。但在汤显祖心目中，谭纶的形象一直没有褪色。谭纶不仅是一位优秀的同乡前辈，还是为家乡引入海盐腔、最终推动形成宜黄戏的文化英雄。

在会试落第的次年（1575），回乡闲居并计划赴南京一带游学的汤显祖，获得了家乡父母官——临川知县的赞助，刊印了他的第一部诗集《红泉逸草》。临川城西三十里有一座铜山，南北朝时期的大诗人谢灵运来过这里，写过这一带的景色，留下了名句"石磴泻红泉"。汤显祖遂用"红泉"来指代家乡，并将书房命名为"红泉馆"。十二岁那年所作的《乱后》和之后写下的《送谭尚书行边》《留别大司马谭公》等诗，都收录在了《红泉逸草》里。

万历四年（1576），游学南京的汤显祖刊刻了第二部诗集《雍藻》。南京国子监被称为"南雍"，与北京国子监"北雍"同为国家最高学府。在此游学的他，将这段时间写下和编定结集的诗集命名为

"雍藻"，应当与此有关。只可惜这部诗集没有流传下来，后世的人无从知道它的内容。

汤显祖早期最重要的诗集，应该是《问棘邮草》，收录了万历五年到万历八年（1577—1580）的一百四十二首诗和三篇赋。那时候，他已将自己的书斋名改为"问棘堂"。《庄子》里有"汤之问棘"的典故，所以"问棘"隐含着显祖的姓氏。

当时的大名士徐渭在万历八年应好友张元忭之约游历京师，有一天，他读到了汤显祖《问棘邮草》里的诗，兴奋不已。但徐渭后来才知道，在他刚到京师的这一年，汤显祖刚刚经历了第三次落第。

那几年里，在张宅做客的徐渭闲谈时，总免不了要将汤显祖的诗夸赞一番。张元忭自然信得过徐渭的眼光，他还从别处听来了一些关于这位年轻人的消息，也说给徐渭听。

"此子之诗确实上佳。刚过而立之年吧，江南江北间可谓文名颇盛，绝对是同辈中的佼佼者。据说众多权门公子都想和他结交呢！但此子很是清高，往往不屑一顾。"张元忭说。

"那又如何？有才如此，当然要视天下文士如无物，这样岂不快哉！哈哈哈！"徐渭是性情中人，一生狂傲，经历丰富，识人也多，听说汤显祖是这样的人，更是高兴。

　　张元忭说："年轻人清高孤傲，不是坏事。不过有些时候，世事往往坏在了这'清高'二字上。据说他近期还拒绝过首辅张居正的延揽呢！可见骨气。但他唯独对他的同乡谭尚书念念不忘，据说前几年春试落第后去谭府拜会了四次，都没见着。这事在士子间都传开了。"

　　"我没有看错此子！诗好，人品更是绝佳！张江陵一代权相，有治世之才，但不一定对此子脾气，用权门招数来延揽他，肯定不会有什么效果。谭子理不一样。我当年在胡汝贞幕下参谋军事，就曾说，嘉靖以来，本朝可成名将者，唯戚继光、俞大猷和他谭纶谭子理三人而已。由此可见，英雄所见略同，英雄又惜英雄，此子诗好、人品佳，识人眼光也高出凡人一筹啊……"胡汝贞即已故多年的名臣胡宗宪，徐渭曾在他的幕府参赞军事，与胡宗宪欣赏的谭纶有一些交集，如今听说汤显祖对谭纶如此倾慕，颇有会心，免不了啧啧称奇一番。

　　友朋闲谈之余，徐渭把汤显祖的《问棘邮草》读了个遍，还写下了很多批注。在文学方面，徐渭可以说是汤显祖的前辈。他的地位虽然不高，连举人都不是，但论文韬武略，甚至还可能凌驾于谭纶之上，可他对汤显祖这位当时连进士都尚未取中的文坛后辈欣赏至极。

拒绝张居正

　　虽说已过了立春时节，京师却依然有些寒冷。旅居在安福胡同一家旅舍的汤显祖盼望时间能跑得快些：一则天气暖和起来，就可以脱去那身穿了整冬的棉衣；二则早点捱到春试的日子，过了礼部的会试，继而在殿试上挣个进士出身，就算了却了一桩大事，真正"显祖"了。早春洁净的晨光透过旅舍稍显简陋的窗棂，铺洒在客房的地面，盥洗已毕的汤显祖并不准备温书，倒是立在窗前发起呆来。

　　一阵叩门声将神游天外的汤显祖召回了现实，他整了整衣服，迎了出去。

　　"义仍兄在吗？小弟张懋修又来拜访了！"门外传来一个爽朗的声音，那爽朗里又带着点儿激动与期待。

"哦，是子枢啊，欢迎，欢迎！"汤显祖快步前去打开房门，将张懋修请进来。

这位当朝首辅张居正的三公子张懋修，已经是第二次到这小小的备考旅舍来拜访汤显祖了。上一次来，两人寒暄了一番，礼节性地互道了仰慕之情，并没有深谈。考虑到礼数，汤显祖第二天就到相府去回访了他，正好遇上他出门不在，只得留信问候。

"义仍兄啊，抱歉之至。前几日你光临寒舍，适逢小弟出城办事，未能归来，真是怠慢了！这一次，我略备薄酒，咱们去酒楼喝一杯如何？"

张懋修今年二十六岁，他虽然身负"特殊使命"，但是对汤显祖的热情与礼敬，倒也不是虚情假意。汤显祖此番来参加春试，已经是落第了三次后的第四战，但在同辈士子当中，在不少的官宦与贤达那里，他的文名与才名早就传遍天下了。

所以，首辅三公子的屈尊结交与真诚相待，汤显祖虽然心怀感激，却也没觉得有多么令人激动。更何况，张居正执政与改革的诸多方略，他虽大多赞成，但对于这位首辅大人颇具专断色彩的作风，却无法认同。

而且，说起来，来自首辅的招揽也不是第一次，早在三四年前……

正沉吟间，张懋修爽朗的声音再次在汤显祖的耳边响起："对了，忘了告诉义仍兄，这场酒宴，都察院左副都御史王绍芳大人也在。他是六十多岁的老前辈啦，你总不能让他也来这旅舍亲自迎你吧？走走走，我们煮酒论文去！"

汤显祖不便拒绝这热情的邀请，只得随他去。路不太远，说话间就到了，二人进入雅间，与左副都御史、表字绍芳的王篆寒暄了一番，主客即行就座。因为怀揣心事，首辅公子宴客的酒楼有怎样的华美陈设，又有何等绝色的歌姬，汤显祖竟完全没有注意。

这一场宴席当然不是煮酒论文那么简单。三四年前，汤显祖去南京国子监游学的途中，到皖南宣城做客。皖南有谢朓与李白的旧迹，还是好友沈懋学的故乡。同年举人龙宗武在隔壁的太平府担任江防同知，在京师首次春试结识的姜奇方，当时已是宣城知县了。

不过，当时的诗酒风流之会里，来了一个叫张居谦的人，正是张居正弟弟，张懋修的叔父。按张居正的意思，张居谦要寻几位有文名的青年俊才，做张居正的二公子张嗣修的学友，主要为本年春试张二公子的高中作陪衬，应对可能出现的朝野议论与责难。首辅公子进士及第，可不是靠的关系，而是有真才实学，不然为什么他的几名学友都金榜题名了呢？

昔日的情景浮现心头，汤显祖显得有些心神不宁。如今，张居正不会要故技重施了吧？没喝几杯酒，王篆把话头挑了起来："义仍贤弟啊，上一次的春试，大家伙都替你抱屈啊，真是可惜！"

这算是挑到了汤显祖的"伤口"。是啊，上次拒绝张居正后，隔年春试，自己毫无悬念地落第了——这是他的第三次落第。

"哪里哪里，是晚生才疏学浅，又时运不济，怨不得别人。"汤显祖心里虽然凄苦，倒也不见得内心真有多么愤愤不平。世道如此，当初自己选择了不结交权贵，就要准备好一时的不得志，这也可以说是"求仁得仁"吧。

"师出同门，学而为友，义仍贤弟和君典贤弟都是近溪先生的弟子，君典贤弟可是那年的状元呐！我们当时就想，就算义仍贤弟不能一举夺得鼎甲，至少取得进士出身应当没有问题。谁曾想……真是造化弄人！"王篆一脸同情地感慨道。

君典是沈懋学的字，而近溪先生则是他们的老师罗汝芳。当初受到张居正关注而让张居谦亲自延揽的青年才俊，主要就是汤显祖与沈懋学。不过，宣城之会过后，沈懋学前往相府拜访，汤显祖却总觉得，要无所攀附地中个进士才干净，所以不愿意这样做。

"是啊义仍，要说君典兄，或许与你旗鼓相当。但那年的榜眼——我二哥，论才学、文名可都远不如你。我们都替你可惜。我听说君典兄事后还作诗安慰你来着？"为了让汤显祖觉得大家的同情是真心的，张懋修甚至把自己的二哥贬低一番。

"三公子说笑了。君典兄的状元，二公子的榜眼，是我羡慕而不可得的功名，各有各的缘法罢了。"汤显祖虽然屡战屡败，却有一颗自尊的心，不愿意攀附权贵，也不愿意接受莫名的恭维。这不卑不亢的回答是最好的证明。

"话虽如此，在下还记得君典赠给义仍的诗中的两句，'独怜千里骏，拳曲在幽燕。'我和君典的心肠一样，不是同情义仍，而是实在觉得屈才。你明明就是一匹千里马，如今却黯然卧于京师。"张懋修说。

王篆接上话道："是啊，我听说就连江陵相公本人，也是知道义仍贤弟的屈处的。但朝廷取士有朝廷取士的法度，他也不好横加干涉，只是痛心于汤家千里驹一时困厄罢了。不过义仍啊，以老朽我看来，君子过刚而易折，有时候还是要认清时势啊。"

听了这番话，今日筵席的目的已经"图穷匕见"。对于汤显祖来说，王篆是另一个"张居谦"，都是首辅张居正的说客罢了。这次这位三公子对状元之位怕是志在必得吧？当然，汤显祖不是不通人情的人，张懋修待他，确实有真挚的一面，人也并不坏。只不过，谁让他是首辅之子呢？而自己作为一个清白的读书人，难道要陪他们玩这种游戏吗？

至于王篆，他是首辅张居正的心腹，此番前来，说客身份是坐实了的。可是自己一介书生，无权无势，真值得他们如此笼络吗？想到这点，汤显祖自己也恍惚了。

沉吟了一会，他站了起来，举起酒杯，对眼前的一老一少道："多谢两位的关心与安慰。三公子的劝慰，王大人的教诲，我铭记于心。我想，人生的穷通祸福，是由自己决定的。众人顾我，念我，是大家的心意，更是我的福分，但我的路还是要自己走。"

待宴席终了，众人离开酒楼时，已经日上中天了。汤显祖徒步回到旅舍，呵开冻笔，将自己三年前落第后作的两首诗默念了一遍，并提笔写了下来。这两首诗是与众学友告别并约定三年后京师再会时写下的，一首是《别荆州张孝廉》，另一首《别沈君典》是对沈懋学赠诗的应答。

在前一首诗里，他颇有些愤愤不平，声称世人都喜欢龙和千里马，可是真龙下凡反而惊吓到了叶公，无数千里马湮没在风尘中而不为人所知；意气风发的青年人汇聚一堂，仿佛天底下没什么做不

汤显祖举起酒杯说道："人生的穷通祸福，是由自己决定的。"

成的事业，没什么获取不了的财富；而自己当时已二十八岁，拔剑示人，人们却不知道他掌中剑的锋利。

当然，他那首留别沈懋学的诗没有这么情绪化。针对来自同门学友的同情与安慰，他接受了这份善意，却对两人面对选择时的分歧作了冷静的回应。就像几年之后的今天，首辅公子的招揽宴席之上那般，不卑不亢。他提笔写下的正是这几句：

> 天地逸人自草泽，男儿有命非人怜。归去蓬山蓼水边，坐进金楼翠琰篇。
>
> ——《别沈君典》

这两首留别诗写得都很长，是古诗的体例而非更程式化的近体，可见在成为一名戏曲作家前，他"着意作诗人"的抱负确实有几分底气。不过，诗和戏曲这两方面的才华，在科举考试里是很难兑现的。那里的"硬通货"是八股文，而这正是他厌倦的东西。在自己所厌倦之物那里遭遇挫折的时候，汤显祖的应对之策如同这两句诗说的那样，要"归去蓬山蓼水边"。蓬山蓼水是文人归隐之地，金楼翠琰或许是他日后在自己那些瑰丽的作品里创造的另一番天地吧。

万历八年（1580）的这次春试，汤显祖毫无疑问地落第了。这次的状元正是张懋修，那位代表父亲一意招揽过他的首辅三公子。这是他春试的第四次失败。

传奇的初幕

转眼到了万历十一年（1583）春天。三十四岁的汤显祖总算把自己"售"了出去，实现了"货与帝王家"的第一步。在第五回参加的礼部会试上，他因治《尚书》而取中了第六十五名，获得参加殿试的资格。等到殿试放榜的日子，他终于在第三甲第二百十一名的位置找到了自己的名字：赐同进士出身。

算起来，自隆庆五年（1571）春天起，到万历八年，汤显祖每三年一次前往京师参加会试，已达四次之多，可惜每次都失意而返。个中缘由，一言难尽，既因时运不济，又与他的孤傲和清高有关。十年间，汤显祖的人生发生了许多变化，比如长子士蘧（qú）的降生，还有文名的日渐隆盛。

汤显祖抚今追昔，不胜感慨。他自己虽然对仕途功名并不那么热衷，但多年寒窗苦读，好歹要给家族有个交代，这回总算中了。正在榜前沉吟时，他的耳际突然传来了一个爽朗的声音。

"义仍兄，小弟这厢有礼了。这回我们可就是'同年'了，以后同朝为官，请一定多多关照。"这声问候和道贺，来自申用懋。这人，他是认得的。

"哦，是敬中兄啊，幸会幸会。在下能中已是侥幸。敬中兄乃辅相公子，诗礼传家，此番更是如鱼得水，当能一展抱负了。"出于礼节，汤显祖应和道。

算起来，申用懋是二甲赐进士出身第二十一名，这一榜中比他名次更好的，不过是二甲的二十个人和一甲进士及第的那三位：状元、榜眼和探花。汤显祖的前头，则黑压压地摆着二百多人的名字，所以他说自己"侥幸能中"，倒也不完全是谦虚。

"义仍兄真是谦虚。你是海内一大才子，我辈素来景仰得紧。别说敬中的第二十一名，就是小弟我侥幸取中的二甲第十一名，也比不得义仍兄惊世的才华。"这回说话的是张甲征。张甲征和申用懋一样，对和自己年纪相差不大的汤显祖颇为看重。

"承蒙夸赞，惭愧至极。两位年兄，小弟还有俗务要忙，来日方长，再会！"对于二人的一番恭维，汤显祖并没有接茬，他找了个借口，从放榜的热闹中匆匆离去了。

张居正已在前一年去世，此时大明朝的内阁首辅是张四维，次辅是申时行。张甲征是张四维的儿子，申用懋则是申时行的儿子。与张居正家的几位公子类似，这两位显然也想和汤显祖这个闻名海内的青年俊才结交，但他们同样遭到了汤显祖委婉的拒绝。

这里有汤显祖的性格因素在起作用。从他对谭纶的态度来看，对于权贵，汤显祖并非一味地排斥，前提是这个权贵在为人和为政等方面，要获得他的认同甚至倾慕才行。当时执政的张四维和申时行显然不在他的欣赏行列内。

在仕途上，汤显祖似乎没有很强烈的进取心，

对申用懋和张甲征的恭维，汤显祖并没有接茬，
匆匆离去。

却出于各种原因而又无法放弃这条道路；在交往上，他并不想冒犯当朝宰辅这样的权威，又不愿违反自己的本性去接受他们的招揽，更别说让自己主动贴上去。但汤显祖可能像当初拒绝张居正一样，再次得罪了当朝权贵。

这件事的直接后果是，在当年五月，翰林院要从新科进士中选拔一部分人来本院担任短期职位——庶吉士，而汤显祖没被选上。庶吉士是皇帝近臣，负责起草诏书，或为皇帝讲解经籍等，是政府的重要储备人才，更是内阁辅臣的重要来源，人称"储相"。这对汤显祖也是一次不大不小的打击。

中进士后，汤显祖从安福胡同搬了出来，移居到了礼部附近，担任没有具体职责、等待空缺职位以便候补的观政进士。在担任观政进士到获得实际职位的这段时间内，他在家乡的妻子去世了，于是他便在北京娶了傅氏为妻。这是他的第二任妻子。

无缘翰林院的汤显祖"观政"了一年后，于万历十二年（1584）七八月间，带着新娶的妻子傅氏一道南下，前往南京就任太常寺博士，正式出仕。这是一个正七品的"芝麻官"，名义上主管祭祀礼乐，实际几乎没有什么公务。

平日闲暇，汤显祖也少不了和傅氏聊几句时事。虽然说妇人不懂朝堂之事，但这不代表她们不会对丈夫所从事的官职感到好奇，并充满各种疑问。这次，傅氏就向汤显祖询问，他为什么没有做成翰林院庶吉士。

汤显祖很愿意将此时深藏于内心的这件郁闷事和妻子说说，这倒也不算是什么羞于与人提及的隐痛。

汤显祖缓缓说："中进士后，选庶吉士前，为夫的座师（主考官）秀水沈几轩先生在一次宴会上，曾当面教诲过我一番。实际上，翰林院的冯开之大人曾对座师说，他认为座师门下，数我最优秀。沈师虽然同意，却又对冯编修说我'骨相凉薄'，不如我的同年邓宗龄。"

"那么夫君，这'骨相凉薄'是何意呢？"傅氏一脸不解地问道。

汤显祖的思绪，此时仿佛飞回到了那次宴会的现场。他长叹一声，随即说道："沈老师认为邓宗龄老成持重，未来或许可以拜相。至于我，他虽然认可我的才华，但对我的处事是颇为不满意的。在那次宴会上，他把他与冯编修的谈话转述给了我，我才能知道这些。"

汤显祖又说："然后，他当面训诫了我，并对我说出了那番话。"

汤显祖模仿着沈几轩的口气，转述道："以汤生你的才华，为何迟迟到现在才考中进士呢？不应该好好想一想原因吗？你骨子里是矛盾的，一方面想要光宗耀祖，另一方面又打心底里厌恶这些，渴求你所谓的自由生活。这也没什么问题，二者取其一就好了。一个人不要上进的话，就当退隐；一个人如果求世俗功名，就得抛弃幻想。你这样若进若退，到底安的什么心呢？"

汤显祖将这番话转述完毕后，夫妻二人都陷入了沉默。这道理，汤显祖是懂的，傅氏也相信自己的夫君能懂。这当然是汤显祖身上存在的显著问题。这种若进若退的态度，出现于汲汲求仕同时又拒绝张居正时，出现于渴望入翰林同时又拒绝当朝两位重臣公子的招揽时。

"总归是要选一样的。夫君如今不也做出了选择吗？管它什么'骨相凉薄'的评语，在这南京，做一个闲官，成全您才子的名声，不去沾染朝堂的那些争斗，不是也很好吗？"

南京的政局并不如傅氏甚至汤显祖本人想象的那般平静。这里原样复刻了北京朝廷的体面，又因为远离真正的权力中心而显得无关紧要，太适合用来安置那些与当权派意见相左，但又需要被体面对待的官员了。如此一来，受到冷遇和排挤的官员聚集在了南京，他们中的很多人都是"清流"。从万历初期开始，此地隐然是政治反对派的中心。

新任的南京太常寺博士汤显祖，正是不少"清流"人士的朋友和政治上的同情者。南京是数年前国子监游学时期的故地，当年在此地的游学与交友，是他逐渐形成自己在同辈士子和文坛前辈间的影响力的重要因素。汤显祖官职低微，并不意味着他和他所在圈子的影响力不重要。

就任没多久，汤显祖就被卷入了新旧两派的斗争中，这里面的分歧不止体现在政治方面，还体现在文学主张方面。余波所及，还连累了汤显祖创作的一部传奇。这部传奇自始至终都没写完，但当时它写成的部分已流传开来。有人检举说，这出传奇有讥讽朝政的内容，有人说从这出传奇的很多文辞中可以看出它的作者是为"正人君子"所厌的狂士。此后该书便被禁止流通传播了。

这出传奇是汤显祖的首部戏剧作品，写于万历五年至万历七年（1577—1579），叫《李十郎紫箫记》。这不是一部成熟的作品，毕竟酝酿和写下它的时候，作者才是二十几岁的青年。它还是汤显祖科举失意的产物，但这是他作为一名伟大的戏曲作家的开端。

"夫君是要将它推倒重来，改编成一部新的作品吗？"汤显祖和妻子说起因为这部作品带来的麻烦时，傅氏问道。

汤显祖沉思半晌，对他的妻子说："是的。为夫打算最近动手。这部传奇本身没写完，而且写它的时候我还年轻，很多事情不懂得，对人世的见解也浅薄得很。如今不一样了，我相信在我的改编下，它会是个好故事。"

汤显祖忍不住向自己的妻子回忆起了在家乡创作《紫箫记》的那段时光。

"那是我第三次春试落榜了，沮丧地从京师回到故乡。那阵子的苦闷，主要靠与友人们的诗酒唱酬来消解。正好，当时在读唐人蒋防的《霍小玉传》，里面记叙的李益与霍小玉那动人的爱情故事深深打动了我，让为夫生了将它改编为可以搬演传唱于舞台的戏曲的心思。"他不知道妻子是否知道霍小玉的故事，自顾自地追忆了起来。

"试手之后，为夫一发而不可收。每填好一支曲子，就被我的友人吴拾芝取去，夜舞朝歌，倒也是对我的新作的最好检验。吴拾芝是个妙人，体态甚是苗条，喜欢唱曲，他的假声清润而尖细，是块唱戏的好材料。"汤显祖说。

傅氏听得入神："可惜没能参与夫君的早年。那该是多么热闹而惬意的日子啊。"

"是啊！而且，妙人不止一个。那时候一起玩的朋友，除了吴拾芝，还有曾粤祥和谢廷谅，皆是当地名家子弟。我们这些人就这样天天沉溺在声色之娱中，我写，曾、谢二人'搭台'，吴拾芝唱。这个故事里青年好友的交往，正如我们当时的情形。"

汤显祖真正着手改编《紫箫记》，已是万历十五年（1587）。正在这一年，《紫箫记》的改编版《紫钗记》在南京诞生。这是后来被称为"临川四梦"的汤显祖戏剧代表作中最早诞生的一部。

南京七年

　　《紫钗记》的完稿，和汤显祖调任南京詹事府主簿的事差不多前后脚发生。说不清这次调任是否和此前围绕《紫箫记》发生的风波有关，但官方的原因是，在汤显祖的南京太常寺博士任满后，没有合适的职位可供调派，只能委屈他暂时在比原官阶还低半品的这个主簿职位上过渡一下。詹事府是辅导皇太子的机构，太子虽然远在京师，这个机构在留都南京却依例设置，只不过仅有一个编制。这形同虚设的差事，如今就由汤显祖担任。

　　本职工作没什么可操心的，但汤显祖也没闲着，南京的衙门较为清闲，但金陵的文化场域可不寂寞，这里是文化中心、交通要道，有的是酒酣耳热之际一起谈诗论文、议论时政的朋友，更少不了他真正发自内心认同的正直言官和少壮派人士。这些人被他视为"气义之士"，是反对污浊官场和当权派的正义力量。

到万历十七年（1589），享受正七品待遇的从七品官，南詹事府主簿汤显祖，终于升了职，任南礼部祠祭司主事。这六品官不大不小，但若与他的同年进士横向比较，或看看他那已四十虚岁的年纪，这个结果就不算乐观了。

不过妻子傅氏还记得，从任官南京起，至担任南礼部祠祭司主事的这五年里，显祖虽如愿以偿地过上了他想要的"宦隐"生活，并从他的许多志同道合的朋友那里获得了莫大的认同和心理满足，却也偶尔低落消沉，为信中传来的坏消息或某位师长的责备而郁闷好些天。

这天，显祖读毕一封新到的书信，长叹一声，跌坐在座位上，本拟好好拾掇案头摊着的信札和诗稿，如今完全没有心思了。傅氏亲自将沏好的茶送到书房，正目睹了她的丈夫这样一个咨嗟哀叹、失魂落魄的瞬间。

"夫君这是怎么了？"傅氏关切地问道。

"家乡传来消息，舒化舒尚书归天了。说起来，舒尚书只比我年长十来岁，刚及半百之龄，居然去世了，真是可惜。他也是临川人，能写一手好诗，前些年以刑部尚书致仕。"

南京与显祖的家乡临川间的交通主要依赖水路，若是顺风，单程只需五日，每月信札来回，很是方便。舒化字汝德，号继峰，是临川县舒家村人，和显祖同乡，又同朝为官，还有不浅的交情，他去世的消息，显祖的家人肯定会在第一时间以家书形式告知。

"既是同乡，又是能诗的风雅君子，想来这位舒尚书与夫君倒是颇有些因缘？"傅氏看到自己丈夫眼中似有泪光，颇为伤感，便以她女子的直觉发出了这一番猜测之问。

见妻子问及，显祖想起了自己初入仕途、刚到南京的那些年，这位同乡前辈给他写的那些书信，书信中流露出的关爱、情谊和给他的劝告。

"舒尚书是直谅君子。出于乡谊，他多次在信中告诫我，让我多和老成之人亲近。那时候他间接了解到我在南京的交游圈子，从他的角度来看，对我颇有几分担心——担心我交友不慎，耽于逸乐，误入歧途。"

显祖从座椅上直起身来，双肘撑在书桌上，闭目，低头，用手指揉了揉太阳穴，复又站起身来，走到窗边，看着窗外洒落的阳光和一庭的扶疏花木，陷入了与这位同乡前辈书信来往，讨论文学、人生与仕途的回忆中。

"这有何好担心的呢？我虽然不知道夫君与众友人平时说些、做些什么，但每次见夫君与他们欢聚归来，总是意犹未尽，兴致颇高呢！"傅氏替自己的丈夫如是辩解道。

"他大概觉得，这群人经常聚在一起议论时政，负气好斗，未免轻躁，若是与他们厮混久了，难免影响心性和仕途。"显祖接过妻子的话茬说，"当然，舒尚书是为我好，他对我在仕途和理政方面的作为，有更大的期许。只可惜我让他失望了，至今犹是六品闲官。"

"当然，舒尚书也有他的偏见。他在信中说，与我经常聚会的那些文人是'恶少'，我当时很不服气，就回了一封措辞峻急的信给他，颇有几分针锋相对的意思。"显祖接着说。

"夫君又是怎么在舒尚书面前为你的这些朋友辩解的呢？"傅氏问道。

"我在信中说，他讨厌的那些喜欢议论和批评时政的少壮官员和士子往往沉沦下位，相比高高在上的执政者和'老成之人'，对民情体察更深，更知道施政的弊端，也更敢直言不讳地说出自己的意见。他们内心有一股不平之气，往往容易出言伤人，所以那些习于官场和位居高位的大臣听不进去他们的话，也不会喜欢他们的作风。"

"但夫君对舒尚书的劝说依然心存感激，不是吗？以我对夫君的了解，以上这些话固然体现了你态度鲜明的一面，然而并不是你的全部态度。"听了显祖认真的解释，傅氏不禁莞尔，颇有几分戏谑地出言猜测道。

显祖也微微一笑："贤妻说得甚是。我岂不念舒大人的好意，但一边是我的知交好友，一边是爱护我的同乡前辈，我希望他们能互相理解对方。他说那些批评时政的青年官员和士子是'恶少'，殊

不知在他们眼中，舒先生那样的大臣也不是什么
'善老'。但这又是何必呢？与其互不妥协而两败
俱伤，不如各自退让包容一些，彼此的误会和不谅
解也就少些。"

如今舒化去世，这些往事也如烟云一般消散，
大家的立场有别，思路各异，最终也未必能达成
共识，但来自长者的善意告诫和提醒总是让他温暖
的。类似的事情不止这一件。有几位朋友的"好意
规劝"，还可能出自当权者的授意。

显祖当年选择任官南京，令不少非常看好他的
仕途前景的师友们大为失望。当时，在京师吏部
供职的前临川知县司汝霖给显祖写来一封信劝他，
说他只要不那么执拗，跟内阁辅臣这些执政者通一
下气，再由他从旁说项，就可以被提拔到吏部去当
官，不用在南京无所事事。显祖感激老朋友的好
意，可老朋友对自己的选择和立场的不理解又使他
生气。

还有一次，是三年前——万历十四年（1586）
的夏天。显祖的恩师、大儒罗汝芳由南昌、杭州而
至南京讲学。他不仅学问浩博，而且极重义气，风

骨铮铮，曾为营救他那被陷害入狱的老师颜钧而变卖家产，四处奔走。

三年前的师生重聚，是他们二十年来的首次见面，也很可能是两人人生中的最后一次见面。显祖无法忘记那次见面时，老师在了解了这些年南京交游和颓丧心态后对自己的质问：

> 子与天下士日泮涣悲歌，意何为者？究竟于性命何如？何时可了？

罗汝芳说，你汤显祖天天和那些活跃的士子们混在一起，肆意发表议论、哀叹时事，到底想要做什么？那些议论和哀叹未免空洞！它有助于你儒学上的精进吗？对于儒者的心性修持、使命与天职，你又领悟、了解了多少呢？

面对恩师的这两句当头棒喝，汤显祖无言以对。他夜思此言，不能安枕。这回舒化去世的消息传来，使他想起自己这些年在南京的宦迹与交游，以及这一众师友的种种规劝，内心颇不能平静。日日在酒酣耳热之际指点江山、批评时政，真的能解

汤显祖无法忘记的，是老师罗汝芳对自己的质问。

决问题吗？将自己的那一些天分、才情和抱负写到《紫钗记》这样的传奇中去，能影响更多的人吗？就这样在仕途中沉沦下去，不思进取、了此一生了吗？恩师早年教授的儒家的"性命之学"，自己真的了然了吗？

显祖想，得做点什么……不止有益于自己，也要真正有益于民、有益于国家。空自议论时政，不如起而行之，用实际行动去改善理政的生态。

过去的两年间，南直隶及周边的地方刚刚经历了一场大饥荒，不止平民，连自己这个官员都感到生活艰难。来自朝廷的救灾使臣杨文举，并没有更好地解决江南灾区的问题，到地方之后反而大肆受贿，给地方上和百姓们带来了许多额外的苦难。这样的人后来却受到了特别的提拔。从这件事情出发，可以看到国家的吏治已经坏到了什么地步，百姓的生活处于怎样的统治之中。

这些事件和情绪积郁于心，迟早要找到一个爆发口。

万历十九年（1591）的闰三月二十五日，在朝廷邸报中，汤显祖读到了皇帝陛下在当月十四日发出的一则上谕，指责参劾杨文举的御史们。他实在忍不住了，在南京礼部祠祭司的官署内，汤显祖当着同僚的面，开始借批评杨文举，列数朝政的种种不堪。

"他杨文举不止不尽力赈灾，反而贪得无厌、中饱私囊，这样的人在朝中却不仅没有得到惩罚，反而春风得意，不就是因为他出自申时行门下吗？"汤显祖愤懑地说道。

"我说义仍兄，你说这些又有什么用呢？继张四维之后担任首辅的申时行，在这个位置上待了快十年了，权力稳固，我们就算知道他门下之人的劣迹，又能怎么样？"一位年长同僚长叹一声，对显祖的愤懑之言这样回应道。

"杨文举只是大明的小贪小蠹。执政大臣的纵容和包庇，才是国家的心腹大患呐！"显祖冷静下来，悠悠地道："事情弄成这样，言官的上疏自有失当之处，但他们风闻言事本就是职责，谈何诽谤君上？杨文举这样的事情充分说明，身为辅臣的执政大臣才是失职！我虽然不是言官，而是一介闲曹，但作为大明的臣子，总要为老百姓说几句话啊……"

在官署发完牢骚的显祖回到家中，上了一封《论辅臣科臣疏》，从弹劾杨文举出发，将总的矛头直指首辅申时行。这封奏疏，与其他一些正直臣子的上疏一道，起到了一些积极的作用——杨文举最终被贬到边地担任杂职去了。

他这封奏疏的锋芒所到，不止申时行，就连皇帝本人，也被大大地波及了。

> 陛下经营天下二十年于兹矣。前十年之政，张居正刚而有欲，以群私人罢然坏之。后十年之政，时行柔而有欲，又以群私人靡然坏之。皇上大有为之时可惜。
>
> ——《论辅臣科臣疏》

汤显祖说，当今天子在位二十年，执政最久的两个内阁首辅皆不可靠，虽然行事风格一刚一柔，但都喜欢任用自己的亲信而缺乏公心，朝局和政治生态就这样被搞坏了，实在是可惜。这番话，看上去像是把问题的症结归在首辅身上，实际上，汤显祖是将万历朝这二十年的所有问题都归在了皇帝本人的不会用人上，这等于是将万历朝的经营一笔抹杀。

果然，到四月二十五日，皇帝的诏书下来，斥责了汤显祖，认为他因被朝廷派在南京担任闲散的官职，不能如意，内心怨恨。诏书中说："本当重究，姑从轻处了。"

汤显祖最终落了个"从轻处了"，没有被砍头或入狱，而是被贬谪到徐闻去当典史，这个结果其实还算幸运。朝中有不少支持他、爱护他的正直大臣保了他，比如时任吏部尚书的陆光祖。据说徐闻也是陆光祖替他选的贬所，在所有的贬所中，这算是不错的地方了。

徐闻县，现隶属于广东湛江，位于中国大陆的最南端。它的南边是琼州海峡，与海南岛隔海相望；东滨南海；西濒北部湾；北与雷州接壤。典史隶属于知县，掌管一个县的缉捕和监狱，类似于如今的县公安局局长兼典狱长，但当时偏远地区的县很小，这个官虽然属于"朝廷命官"，品级上却"不入流"，比九品的县主簿更低。

接到诏命的那一天，显祖却意外地长舒了一口气。他对傅氏说："我如今终究有勇气回应罗老师前些年在南京对我的质问……不过，你要跟着我过一段苦日子了。"

一路更向南

得知自己被贬，汤显祖便收拾行装，带着妻子傅氏从南京回到了家乡临川。他准备在家中耐心地等待朝廷为他确定贬所，然后再动身前往那里。南京未了的事务，朝廷的新动向及各种消息，都由刘应秋为他打理和传报。刘应秋字士和，江西吉水人，既是汤显祖的同乡好友，又与他同一年中进士，据说两人还曾约定要做儿女亲家。刘应秋时任南京国子监司业，吏部尚书陆光祖因为爱护和同情汤显祖，给他择定徐闻作为贬所的事，也是刘应秋写信告知汤显祖的。

不幸的是，刚到家，汤显祖就病倒了。他染上了一场疟疾。

卧床的汤显祖高烧时一度很不清醒。他做了一个梦，梦见自己置身在一间破屋里，屋外照进来的月光细碎黯淡，而自己只有一尺高。他急忙摸索着找门，想从这屋子中出去，忙乱中却怎么也找不着，直到他的父亲将他唤醒。这一次，他差点以为自己会就此死掉。

汤显祖的父亲汤尚贤既是学识渊博的儒士，又是一位精于道家养生术的老人。他把了把汤显祖的脉搏，说道："这一梦霍然而醒，已有汗出，我儿应无大碍。朝廷既已确定贬所，待身体恢复，就及早动身，前往徐闻吧。就是不知道这徐闻究竟是怎样的地方？"

汤显祖说："此前曾听士和与邹尔瞻提及，那徐闻就在南海边，白日里昏暗无常，还有弥漫四周的有毒的红雾。"邹尔瞻即邹元标，和刘应秋一样是吉水人，也是汤显祖的好友。

汤显祖接着说："他口中的徐闻，完全是一个没有开化的地方，猩猩、狒狒和狐狸等动物还经常在人前出没。"

汤尚贤说道："朝廷贬官之所，怎么可能有

多么优越的环境呢。昔日宋人苏子瞻被贬岭南，倒是对这等蛮荒毫不在意，甚至说'兹行奇绝冠平生'。"

得知自己被贬徐闻，汤显祖的心情是郁闷的。这虽然不一定是他病倒的直接原因，但如今迟迟不见好，多少有抑郁烦闷的缘故。汤父这几句话看似轻描淡写，实则拿苏东坡被贬却依然乐观有为的例子来提醒汤显祖。汤显祖意识到，父亲拉了他一把。精神上的"拉一把"，比从梦中将他唤醒更为重要。

"儿对岭南风物一向好奇，这倒好，天赐我前往一游，岂不是等于追随苏公往日足迹，一开眼界与心胸？徐闻一带，多有儿子倾慕已久的胜迹，譬如罗浮山、仙人葛洪在南海的遗迹、交趾的马援铜柱……如今借贬去徐闻任典史的机会，正当完成心愿。"

听了汤显祖这番话，汤尚贤老怀甚慰。自己这个儿子已经四十二岁了，这些年经历了不少人生的风浪，也磨砺出了一份笃定的心性。他知道自己要什么，也能面对人生的挫折了。

而那个荒诞的梦，以及梦中的情景，汤显祖用两首诗记录了下来。在诗中，提及自己的父亲关键时刻将他唤醒的事。其中一首这样写道：

　　梦中沉似月黄昏，破屋踉跄苦索门。幸好家公与留住，不须炎海更招魂。

　　身体康复后，汤显祖准备赴任。他那位喜欢唱曲的伯父汤尚质，特地于自家园中设了晚宴来招待，并算是送行。万历十九年（1591）九月，汤显祖从位于临川城南的瑶湖下船，在舅父家住了一宿，顺道登上了少年时求学的从姑山。曾在这山上教导他读书、给他当头棒喝的老师罗汝芳，此时已去世三年了。

　　沿着赣江往南，下一个重要的站点是赣州。知府黄钟梅热情地招待了这位闻名遐迩的大才子，并一同游览了城西南的郁孤台。这座临江的台阁，因曾在此地任官的大词人辛弃疾的一首词而知名。离开赣州时，汤显祖与知府依依惜别，并写了一首长诗来酬赠。在赣州城南，刚登上渡船时，他又收到了黄知府派人送来的题诗的扇面。

过了大庾岭，到保昌上船，经始兴、韶关、曲江，然后到了曹溪。在曹溪，他接到刘应秋的来信，要他探看六祖慧能的衣钵是否还在。接着到了广州，汤显祖在那里游览了期待已久的罗浮山，然后放舟入南海。他赴任的这一路，几乎是游山玩水的一路。山水风光和沿路的风土人情，让他的心情舒畅了许多。入海后的他，取道香山县，登上了香山嶴（ào），即今日的澳门。

香山嶴岛上遍布来自内地的移民、居住此地多年的葡萄牙殖民者、往来此地的船只和各国外商。万历年间，这里的贸易已经十分繁荣。远道而来的天主教传教士在岛上建了许多教堂，呈现出一派异国情调。

澳门之行为汤显祖提供了素材和灵感。《牡丹亭》的第二十一出《谒遇》，扮僧人上场的老旦就自称是香山嶴多宝寺的一个住持。在澳门遇见的"番鬼"（洋商）和"通事"（翻译）的新奇形象，也被他写进了这出传奇。离开澳门后，船过徐闻却靠不了岸，于是他又在海上漂流了几天，经过恩

汤显祖赴任的这一路，几乎是游山玩水的一路。

平、阳江、涠洲岛，最终抵达徐闻任所。

徐闻知县熊敏也是汤显祖的江西老乡。知县待他很是客气，并帮他在徐闻建立了"贵生书院"。一方面，是为了应对当地涌来的大量向他求教的士子，另一方面，更是出于对苏东坡的景仰和仿效——苏轼曾在贬谪海南时，在艰苦的条件下建设书院，教化当地士子。

汤显祖在徐闻的典史一职是虚职，他并不需要做任何相关的事。对于地方上来说，这个文名颇盛的人的到来，倒是意外之喜。汤显祖在徐闻只待了半年，于万历二十年（1592）的春天离开，返回家乡临川。

路经肇庆时，汤显祖邂逅了两位宣讲"福音"的传教士。他对这两人和他们的宗教充满好奇，用两首绝句记录下了这一桩见闻：

画屏天主绛纱笼，碧眼愁胡译字通。正似瑞龙看甲错，香膏原在木心中。

二子西来迹已奇，黄金作使更何疑。自言

天竺原无佛，说与莲花教主知。

——《端州逢西域两生破佛立义，偶成二首》

从离开家乡到徐闻，以及从徐闻北返的这一路，汤显祖写下了大量的诗篇记录他的所见所闻。这时候，除了《紫箫记》和《紫钗记》两部传奇作品，《牡丹亭》尚未酝酿出来，但这些见闻，为它的出世提供了丰富的养料。

从徐闻贬所回来，汤显祖在临川家中闲居了差不多一年。这期间，朝中欣赏汤显祖的亲朋故旧为了使他能回朝做官花了不少心思，他自己却毫不在意。

万历二十一年（1593）开春，他收到了朝廷的任命：去浙江遂昌县担任知县。根据当时的惯例，一位朝野瞩目的被贬官员要是被准许回朝，朝廷往往会让他外任某个地方州县的长官以作过渡。

当时的浙西南并不是发达的地方，只不过比他此前的徐闻贬所好些罢了。不过，值得欣慰的是，汤显祖这次不是去担任闲官，而是去做一县之长。知县虽然是区区七品官，却是与老百姓的生活关系最密切的官。一个读书人如果想实实在在地造福一方、为百姓做事，知县大概是最好的官职。

遂昌在南京以南，自两年前被贬徐闻而离开南京起，这两年间，汤显祖算是经历了一段"一路向南"的旅程。

汤显祖在遂昌任上一待就是五年。这五年间，他为当地百姓做了很多实事，譬如兴文化、办教育和改善民生。同时他得以和袁宏道、屠隆、达观禅师等当世第一流的文人交游，写下了一百五十多首诗，以及为数不少的文章和尺牍。

虽然《紫钗记》的雕版印行是在这段时期内完成的，但他只是为这部完成于南京的传奇新写了《题词》，创作新的传奇的心思倒是暂时搁下了。或者可以说，真正的契机还没有到来。但在遂昌知县任上发生的那些事、遭遇的那些人，却已暗中为他创作积累素材。这是他除了故乡临川和南京外，待了最长时间的地方。后来，他得知与他交好的袁宏道从苏州吴县知县任上辞官归隐了，也生出了归隐故乡、专事著述的心思。

遂昌任上的第五年，万历二十六年（1598），汤显祖四十九岁，马上是知天命之年了。他仿佛意识到了自己的真正使命并不是在宦海中无休止地沉浮下去，而是有更重要的事情等着他去做。他向吏部告了长假，回到了临川城外的文昌里——又一次往南，不过这次并不是旅行，而是归乡。

海若在玉茗堂

　　秋风拂过临川城。整个庭园此时都笼罩在温暖和煦的秋阳当中，因为暑天已去，深秋未来，气候不甚热，也不至于冷，正是唐人韩偓笔下"已凉天气未寒时"的景况。庭园四周已建好了零星的屋舍楼阁，还有一些正在建造，所以时不时有工匠出入。

　　这对父子都不喜奢华，所以庭园里没有假山或当时流行的园林布置，只开掘了一口不算大的池塘。他们准备在里头养几尾金鱼，植些荷花，再绕池塘一周种下杨柳和木芙蓉。

　　"我将那头最早落成的这间厅堂取名为玉茗堂。"父亲往前一指，对儿子说，"打算用作为父后半生读书著述终老的所在。我儿可知这堂名的来历？"

这做儿子的不禁莞尔："父亲您太小看我了！玉茗两字，对别人来说或许陌生，对我们临川的读书人来讲，倒是常典。我虽不才，又怎会不知道《玉茗亭记》？"

"你去年做了贡生，算是举人副榜，为父很是高兴啊！不过在你这个年纪，我已以乡试第八名中了举，进县学也比你早些，你可不要自满，倒是说说看！"父亲笑着责备道。

这是万历二十六年（1598）的阴历七月底，那对在庭园中漫步、交谈并时不时停下来留心附近建筑的进度的父子，正是汤显祖和汤士蘧。

士蘧今年年方弱冠，是汤显祖在年近而立时方才得的头生子。他八岁时就能写一手好文章，得了和父亲当初差不多的待遇——打小被周围的人视为神童。士蘧因得到大名士董其昌的推荐，以优秀县学生员的身份，被选为京师国子监贡生——这是读书人不需要科举考试就能进入正经仕途的一条通道，相当于副榜举人。

就在上月下旬，从遂昌知县任上弃官归乡的汤显祖从临川城外文昌桥一带的祖宅搬到了这里。说是弃官，其实是向吏部告了长假，离开了任所且不履行职责了，但他的职位此时并未被撤，依然是官身。

此地原是他人现成的旧宅，与汤家设在城内的家塾相近，弃官回来后，汤显祖将这所宅子和周围的土地买下，并准备逐步扩建成他后半生藉以安然度日的家园：包含庭园、厅堂、楼阁和屋舍。因为和汤家家塾连成一片，这位大才子往后还计划能时不时到汤家家塾中来，教授或点拨一下族中子弟的学业。他的兄弟，他的儿子，在读书应举这些事情上，多有不凡的天分和远大的前景。

听完父亲的这番"责备"，汤士蘧敛容回应起父亲的提问来："玉茗是一种花。在我们抚州老州衙里，有一座南宋时建的亭子，就叫玉茗亭，亭下遍植玉茗花。当时的抚州知州是四川眉山人，名叫家坤翁，作过一篇《玉茗亭记》，算是吾乡的重要文献，我们临川学子大多能记诵。《玉茗亭记》里头，还将玉茗比作扬州那洁白的琼花，但家知州又说，琼花名气太盛，采摘的人多，而这里的玉茗因为地处僻远，反倒安然无恙。”

言毕，士蘧垂手站立一旁，等待父亲的回应。父亲会赞许，还是会做一点补充？其实，以他的学识，这类考验实在算不得什么。父亲往年在外地为官，自己很少得到父亲的教诲，如今他归隐，倒是能常对自己的学问和课业有所指点，闲来父子联诗对句，岂不美哉！

“哈哈，不错。不过，以为父看来，你这是占了熟悉家乡掌故的便宜！我且问你，这与扬州琼花相似的玉茗花，到底是何花？此亭与此花如今俱渺，虽然文献里有，论起实物，毕竟无法亲眼看见了。”显祖对士蘧的回答还是赞许的，不过，他要揭出更深的用心。

听了父亲的话，士蘧一惊，说道：“往日读书，读到《玉茗亭记》里将玉茗与琼花比较这段时，这个问题倒也想过。不过，孩儿于博物之学不甚用心，没有深究，只觉得家坤翁说琼花与玉茗形色相似，命运却各不相同，这番道理很是让人感慨。父亲这回问住我了，惭愧！”

汤显祖此时正出神着呢，一时忘了接士蘧的这

汤显祖问士蘧："这和琼花相似的玉茗花，到底是何花？"

番话。他的眼神落在了远方，想象着昔日亭下玉茗花盛开的美妙场景，让自己的思绪飞回到了几个月前。那时候他从北京接受任期考核回来，已决定要弃官归隐，就在回乡路经扬州时，与听说了消息赶来挽留的遂昌吏民道别。在扬州，他目睹了名满寰宇的美丽琼花，因而想到了自己故乡的玉茗，想到自己家乡的昔日长官写下的《玉茗亭记》以及里头蕴含的道理——和《庄子》里宁愿曳尾于涂也不供奉庙堂的龟、因材大难为用却幸免被砍伐的大树差不多，僻处临川的玉茗也因为不如琼花那样备受瞩目而得以身全，怡然自得地开放，免遭被肆意采摘的命运。

“父亲，儿子错了！说起来不留心博物之学是一个大疏忽。圣人还说过呢，学《诗》能‘多识草木鸟兽之名’，我怎么就把这个至理给忽略了呢，唉！”

士蘧见父亲不答，内心是又悔恨又愧疚，觉得自己辜负了父亲和家族的期望，也配不上这样的才子之家。

显祖从回忆中回过神来，看了一眼身旁一脸通红、不知所措的儿子，朗声道：“我儿多虑了！为父并未怪你。知之为知之，不知为不知，这也是圣人的教诲。何况天下万事万物和万卷图书，又岂是能完全穷尽的？说起来，为父把这里称为'玉茗堂'，确实是你从《玉茗亭记》里读到和领悟的那番道理。我从扬州回来前，还写过一首诗表露心迹呢……

"你且听我为你诵几句：'千岁琼花花树奇，琼窗月影香风吹。广陵恨结烟霞种，后土情生冰雪蕤。'这是明写琼花。但我和家坤翁先贤一样，又哀叹琼花的遭遇，还不如我们故乡玉茗亭下自开自落、无人追捧的那株玉茗呢：'但道芜城争艳逸，安知隋苑即披离？四海一株今玉茗，归休长此忆琼姬。'打个比方说，我是在名满江南的琼花美人和幽居空谷的玉茗佳人之间，选择了与玉茗佳人隐居相伴，而将明艳的琼姬永远地留在了怀想中……"

"那么，这玉茗，如今我们叫它什么呢？它的花种还在吗，还常见吗？"士蘧追问。

汤显祖朗声一笑，为儿子揭晓了谜底："这种花，说起来你也应该熟悉。在比家坤翁更早的北宋，黄庭坚先生做过一篇《白山茶赋》，咏的就是我们临川麻源第三谷内生长的白山茶。这玉茗，就是此花了。玉者，形容其色也；茗者，即茶也。这洁白的山茶，自然就被雅称为玉茗了。其实，家坤翁的那篇记的立意，也是从黄鲁直那里来的……

"高洁皓白，清修闲暇。……盖将与日月争光，何苦与洛阳争价。惟是当时而见尊，处于瑶台玉墀之上；是以闭藏而无闷，淡然于干枫枯柳之下。"

"这便是为父将归隐之所命名为'玉茗堂'的真实用心了。"显祖对汤士蘧说。

从早年的'红泉馆'，到近知天命之年构筑的'玉茗堂'，汤显祖从宛如琼花一般锐意仕进、热衷功名的青年，变成了如今这样淡然于枫柳之下、洁白于空山幽谷之中，不求闻达于当世的白山茶式中老年人了。这是坏事呢，还是好事？

父子俩就这样不知不觉谈了半晌。打发士蘧前往监工新的建筑后，显祖不知不觉间踱到了玉茗堂前。他摸了摸新安置的桌几，又摸了摸架上的一卷卷书，再将书桌擦拭了一遍，把笔墨纸砚归类放好。他想着，自己接下来的生涯，就这样沉浸在玉茗堂下，老死于读书著述之间吧，像那株幽谷中盛开了五百年的白山茶花那样。

或许，年少时那些一起诗酒风流、将他新作的《紫箫记》搬演出来的朋友们，也将从各个地方陆续回到故乡。他甚至听说自己的至交好友刘应秋也要从南京弃官回吉水了。这样的话，岂不是能把昔日快乐的日子再过一遍？可是，年华已逝，不能再邀朋友们唱少年时作的戏曲了吧？前些年印行的《紫钗记》倒是很受人们欢迎，但只有它，似乎还不够……

事实上，打算从遂昌县任上告归前，他就已酝酿起一部新的戏曲来。这部作品，将融合他遂昌任前被贬岭南一路的诸多经历、见闻，甚至故事发生的地点，也在他从故乡前往徐闻贬所的路上某处。

正遐想间，士蘧来报，说有故友相访。他迎了出去，一看，真是青年时代在临川一起饮酒作诗搬演《紫箫记》的几位朋友，他戏曲之作最早的知己。

显祖领着这些老友参观了刚入住不久的玉茗堂，还有玉茗堂左近新落成的清远楼。他对朋友们说："弟如今新取了一个别号，就与眼前这清远楼有关，诸位猜猜？"

朋友们戏言："海若，你这别号也忒多了些。少年时的斋号'红泉馆'早已不用，现今有了这'玉茗堂'的斋号，倒也不错，总是不离临川本地的掌故，我们这临川怕是都要靠你流传而不朽了！至于号嘛……记得从你自称'海若'起，到现在，都快二十年了吧？"

"是的，亏诸位还记得。'海若'之号是弟在第二次会试落第后，在激愤之下取的。想不到倒也用了这许多年。海若、若士，都是当初我失意之时取的别号。"

众人笑道："你倒是便宜，拿《庄子·秋水》的现成典故作别号。那可是北海之神！哈哈哈，也独独只有你，落第倒落成了个神仙……当初一门心思想要功名、想要出仕的你也才第二次落第，落第后居然把自个儿叫成了神。就是不知道，如今十几年宦海沉浮，就像绕着圈走路，又回到了故乡这个人生起点。你呀你呀，借着这清远楼又搞什么新别号？"

显祖朝众人拱拱手，得意地说："诸位，海若已成往事。我如今叫——清远道人。"

相思莫相负

　　庭院里的水池已安置好，里头新放养了几尾金鱼。汤显祖看着这片家园，觉得有一股说不出的轻松和惬意。在遂昌任上，事情是做了一些，面对老百姓和青年士子的时候，他倒是非常肯定自己存在的意义。不过一旦想到官场里的那些迎来送往，以及应对上司时违背自己心意和性格的强打精神，他就头大。到了这个年纪，算是真正理解了陶渊明当初"不为五斗米折腰"的心境，也算真正领略了杜甫客居长安时的那种酸辛。

　　如今看来，他这玉茗堂，倒是要比陶渊明和杜甫的居所都要好，陶渊明的"园田"仅有十余亩，土地上不过八九间草屋，杜甫只是盖了三重茅的屋宇，而自己这片规划中的家园，应该比这两位先贤的条件好些。如今虽然已是年末，但想到这些，显祖便情不自禁吟起了老杜《七月一日题终明府水楼》里的那几个句子："高栋曾轩已自凉，秋风此日洒衣裳。"

"早已过了秋了，父亲！诗圣这诗写的初秋，和我们搬入玉茗堂时的光景还差不多。如今可是要除夕了，要说有一丝秋的气息，不过是因这午后暖阳带来的吧？"汤士蘧打趣道。

显祖将自己望向池塘的眼神收了回来。玉茗堂闲居的日子里，除了与各路友人书信往还，说些新闻或旧事之外，眼前这位长子常常在侧，倒是个很好的谈伴，也算使人欣慰。闲来无事，多多撰文、作诗，再写几出戏曲，描摹人世悲欢离合，教与伶人传唱，岂不美哉！

说到写几出戏曲的事，他想起自己新成之作《牡丹亭》里的一阕《蝶恋花》。吟完老杜的这两句诗，他仿佛将唐朝时"终明府"那座洒然秋风中的水阁，幻想成了自己这位告假归家的遂昌县"汤明府"新成于临川县的玉茗堂了，于是忍不住得意地哼起了它：

> 忙处抛人闲处住。百计思量，没个为欢
> 处。白日消磨肠断句，世间只有情难诉。

他顿了顿，转向士蘧道："世人碌碌为谁忙呢？不过是为名为利，为衣为食。想来这件事，即使是清高如为父，也是不免的嘛。为名利而忙这件事，我如今算是放下了，但为衣食而忙、而劳碌，总是免不了的。幸好祖宗积德，我们家还有些产业，温饱倒也足够。你若是读书上进，以后宦海沉浮走一遭，得遇好的机缘，成就一番事功，则更好了。"

"孩儿谨遵父亲教诲。说起来，父亲这次归隐，可有一些别的计划？"士蘧问。

显祖向儿子说出了自己的安排：指点一下儿辈的学业，让士蘧他们早日成材；再遴选些资质优良的当地学童和青年士子加以教导，以他当世"举业八大家"（指擅长科举考试作文的行家）之一的名头，想必能招徕不少弟子，这样一来，也能有田产之外的糊口之资了。

儿子已成年，该让他知道自己真实的想法和对人生、家庭和家族的规划。不过呢，人生如寄，多忧何为，操心完了这些，还是要做些更有意义的事。他接着哼唱道：

> 玉茗堂前朝复暮，红烛迎人，俊得江山助。但是相思莫相负，牡丹亭上三生路。

若说更找些人生的意义，或许在他新写的这出《牡丹亭》中，倒有不少安放。万历二十六年秋季搬入玉茗堂时，汤显祖已大体完成了《牡丹亭》。从告假归乡到玉茗堂落成，不过数月时间。这段时间里，汤显祖显示出了极高的效率：以家族积累的财富及自己多年为官的积蓄，建造庄园，经营田产，为归隐的后半生做好了安排；重拾了创作戏曲这项青年时代和南京任闲官时期的爱好，从旧有"杜丽娘慕色还魂"的故事中得到启发，综合了当年自己被贬岭南途中的许多见闻，写成了《牡丹亭》。

从宦海沉浮到还乡隐居，从清流政治到才子文章，汤显祖在他的五十岁前后，完成了人生角色的重大转换。对生活于明朝的人们而言，这并不是被鼓励的一条道路，因为，在当时的中国，尚未诞生现代意义上的职业作家或文学家这样的角色，类似《牡丹亭》这样的创作，虽然广受大家的欢迎，但它毕竟是文人私底下的爱好，无关国计民生与庙堂政治，并不"正经"。回到临川隐居的遂昌县告假知县汤显祖，就这样成为了一个"不正经的人"。

这个"不正经的人"哼唱自己新制曲的当儿，士蘧出去了一趟。不一会儿，他领着一位僧人回到了庭园里的池塘边，一边走，一边兴冲冲地对着父亲高喊："父亲，您看，这是谁来看您了？"

显祖听到声响，转脸一瞧："呦，是达观大师啊！四年未见，前些日子收到您的书信说是要来临川看我，我没想到的是，您居然在今天到了！"

"义仍，多年不见，还好吗？想来你也到知天命之年了。我此番来看你，就是想在临川盘桓一阵子。刚到门口，遇到有个年轻人出来，一问之下，才知道是令郎，我不待通报，急着跟着他进来见你了！"达观双手合十，行礼一毕，就兴奋地说道。

汤显祖回了一礼:"目睹大师康健如昔,显祖就放心了。来来来,请堂上一叙!"边说边引了达观往玉茗堂走去,同时转头向士蘧介绍:"蘧儿,这就是我经常跟你提及的达观大师,是近十年前与为父在南京来往的老友——当然,也是为父在禅理、佛学方面的一位老师。"

三人走入玉茗堂坐定,显祖与达观互道思慕之情。说起来,他们上一次见面是在遂昌。那次,屠隆和达观先后来拜访他这位汤明府。但那并不是他们的初识。这位达观大师,被后人视为明代四大高僧之一。达观大师是苏州人,达观是他的法名,因为中年后改名真可,后来又号紫柏老人,所以禅门又称他为紫柏真可或紫柏尊者。他长汤显祖七岁,性格上并不像一般人印象里僧人的那种淡泊世事、远离尘嚣,反而慷慨侠义、非常入世;在宗教观念上,则主张儒释道具有一致性,在佛教内部也能融会贯通、调和各宗派。可能正是这种特点和性格,使得他能与至情至性、激愤世事而又有心学与佛学根基的汤显祖成为好朋友。

"哪里哪里,我与义仍兄平辈论教,何敢称老师？请勿折煞我！请勿折煞我！这次我专程来看你，是念念不忘我们在南京与遂昌的旧游啊！说起来，在南京的初见，离现在都快十年了，真是'如梦幻泡影，如露亦如电'，思之心惊。"达观道。

汤显祖接过话头："是啊，古人说'石火光中寄此身'，诚哉斯言！我们的第一面，我记得很清楚，是万历十八年的南京，在邹尔瞻家里。这个邹元标啊，当时是一个小小的刑部主事，后来也跟我一样，告假回乡，不问朝政啦！"

"万物有情，因缘流转，使我们得以投契，相识相交，也是造化和缘法了。不过真心本妙，情即生痴，更须以理破情呀！你以前常劝我少牵扯到朝事里去，我一个僧人怎么就忍不住呢？而我当初说你有求道的根器，如今看来，你是离求道之路越来越近喽！"

"真师指点迷津，显祖是打心底里感激啊！我向尔瞻提过，说我自己一生性情疏懒，但少年时代从明德夫子罗老师那里习得心学的至理，壮年又从您——真可上人这里悟入禅机。我可是忘不了两位对我施与的恩德啊……明德夫子墓木已拱，人天永

走入玉茗堂坐定，汤显祖和达观大师互道仰慕之情。

隔，可上人这番来看我，活生生出现在我面前，我不知道有多高兴呢！我曾在从姑山上受业于明德夫子，如今上人既来，少不得回头随我去登此山，凭吊一下罗师，如何？"

达观随即应诺。年后的正月间，显祖陪着达观访问了白云、石门两地，随后去从姑山凭吊罗汝芳。言谈间两人步出，士蘧随侍在侧。看到眼前的士蘧，显祖转向达观说道："士蘧是我长子，资质还不错，开春拟赴南京应乡试，看看能否一举夺魁。南京是上人与我的旧游之地，回想前尘往事，宛若灰飞，真是感慨啊！"

"义仍是深情的人，所以执着于情。殊不知前尘往事正如灰飞，不可磨灭的，不过是其间蕴含的大道至理罢了。你我应该不要贪恋世俗间这一点深情，方能明心见性呢！这个话题，我们前些年在遂昌，倒也讨论过。那时候你好像说起意要作一部杜丽娘传奇？"

说话间，不知不觉已到郊外的从姑山。士蘧只在一侧倾听两人谈话，并不插嘴。显祖为达观一一指点沿途的山川风物、乡贤遗迹，一路倒也不知疲倦。听达观提及自己新作的传奇，汤显祖倒是耐不住兴奋，又有一点点紧张：他也许猜到了达观对此作的评价。

达观当然是读到了显祖新作的。他并不是认为《牡丹亭》不好，但他认为汤显祖这样的人，应该从对"情"的沉溺中解脱出来，而用"理"来勘破。《牡丹亭》说的，不就是一个情字吗？这个观点，早在他们于遂昌相会时，达观就流露过了。

这部《牡丹亭》又叫《牡丹亭记》或《牡丹亭还魂记》，讲的是杜丽娘和书生柳梦梅的爱情故事。汤显祖在《牡丹亭记题词》里说，杜丽娘及其父杜宝的故事，模仿了晋代武都太守李仲文、广州太守冯孝将的儿女恋爱的传说，它们分别出自《搜神后记》和《异苑》。但这个故事的真正来源可能不止于此。杜丽娘这个名字，更是直接出自当时已流传开来的《杜丽娘慕色还魂话本》。不过因为这篇东西在当时很是通行，作者觉得没必要专门提及——因为人人都知道杜丽娘这个名字和原始故事的基本情节。这是当时人的戏曲的作法，他们的故事框架和基础情节往往是沿袭的，作者在情节上做大幅度的调整，以及在唱词的文辞和声腔方面做出创新。

　　和杜丽娘故事粗糙的原始情节相比，汤显祖赋予它的，是充盈的骨肉和灵魂。汤显祖笔下的"情"，不止是男女之情，它包含了所有人世间可贵的真情，譬如他和达观这样的友情，即贵在"真"和"至"两字。

　　但此时，汤显祖不知道该怎样和达观谈论自己的这部新作。或许他还得再想想，回头以书信的方式来与他交流。这回达观的来访，还是非常让他开心的，从姑山之游后，他领着达观与临川当地的官绅盘桓了一阵子。达观的名气实在太大了，求见的人络绎不绝，而高僧本人更是至情至性的人，不然又怎能和他汤显祖这样的人成为莫逆之交呢？

　　达观在临川住了半个月，于上元节离去，云游他处。汤显祖与他在南昌道别。这已是万历二十七年（1599）了。在这一年里，玉茗堂接待的重要友人，除了达观，还有与达观齐名的著名思想家李贽，即李卓吾。

浮生若梦

万历二十七年的上元节，达观与汤显祖在南昌分别，然后去了庐山。达观此行，给汤显祖带来了心灵上的莫大安慰——当然，这种影响得以形成，是由他们此前的交往奠定的。前一年的阴历八月，汤显祖的幼子西儿夭折，达观一来，得知此事后，为安慰尚未从悲伤中完全摆脱的显祖，还写了一篇文章《悼西儿》。

西儿的夭折，玉茗堂的营建与落成，以及随后定稿《牡丹亭》，老友达观的来访和告别，李贽的来访与畅谈……从万历二十六年告假归乡起，一年多里，这些接踵而来的事情，有悲、有喜，有失去、有获得，也算是汤显祖这样年过半百之人该遭遇的生活常态。丧幼子之痛得到了达观的精神抚慰，他的新作却似乎并没有俘获达观的心。

浮生若梦，人生的这些遭际亦如梦境，就这样一帧帧放了过去。就连《牡丹亭》，也是洋溢着梦幻色彩的一出传奇：主人公在梦中相爱，它的作者则因情造梦、因梦成戏……要不然，这部戏曲为何又会有《牡丹亭梦》《还魂梦》这样几个颇具梦幻色彩的别名呢？

达观在南昌与汤显祖道别，随即去了庐山，而显祖则回到了临川。

达观在后来的信中，送给了汤显祖又一个法名：海若士。其中"海若"两字是汤显祖旧号，出自《庄子·秋水》，是北海之神；如今添了一个字，其更直接的寓意出自《淮南子·道应训》，指里头一位云游到北海、已得道成仙的士人。"海若"时期的汤显祖对现实状况与政治生态颇为不满，"海若士"则毫无疑问洋溢着一股出世色彩。

像这些年来一直在做的那样，达观孜孜不倦以书信或当面游说的方式来劝说汤显祖"入道"——从心灵甚至身份上真正皈依佛教。除了"海若士"

外，达观此前还给汤显祖取了不少法名，譬如"寸虚"（后来又改"广虚"）。他认为汤显祖有"根器"，只不过依然有很强的入世心，难以勘破蒙障在人的真性上的各种"情"，对功名更没有真正放下——比如现在，他仍然是遂昌县的知县，只不过告了长假、回乡闲住，说是归隐，并不完全对，打心底还期望能在仕途上有所作为。

按理说，达观应该并非不能欣赏《牡丹亭》——至少，这部作品里盈溢着作者充沛的才情，更是以绝妙的文辞写就的，时而还影射现实世界、对它进行微妙的讽刺。这些都是达观那样的识见通达、并不拘泥的人乐见的。但同时，它们也可以是一个人做到真正觉悟的障碍或负累。达观想让汤显祖真正理解：人生不过是梦幻泡影。显祖却在《牡丹亭》的《题词》里说："梦中之情，何必非真，天下岂少梦中之人耶？"——实相世界尽是梦中之人，而我书写的这梦中之情，或许反而是一种真实存在的东西呢？

可能受达观孜孜不倦的说服的影响，万历二十七年夏至前后，汤显祖为刚定稿的一部新的传奇作了《题词》。这部名唤《南柯记》的作品，讲的是淳于棼（fén）梦中在蝼蚁洞中的槐安国当上了南柯太守的故事，有着非常浓厚的佛教色彩。虽然如此，和《牡丹亭》甚至早一些的《紫钗记》一样，"情"这个字依然穿插与浮现在《南柯记》里。

执著于"至情"是达观所不以为然的。不过，达观不以为然的第二件事，是汤显祖尚未忘却的功名心，包括想重回仕途，以及常常以不能有起草馆阁典制著记等朝廷公文的际遇为憾事。

不过，汤显祖这样的执念，却间接带来了苦果。那真的是晴天霹雳一般的消息！这一天，汤显祖捏着从南京来的一封书信，跟跟跄跄地离开玉茗堂，回到文昌桥老宅，哭倒在他的父亲面前。这是阴历八月五日，离他整五十岁的生辰还有不到十天时间，颇让他引以为豪的长子汤士蘧，已于南京去世了半月之久了。

"他才二十三岁啊，父亲，您说，这让我情何以堪呢？您的长孙，我的长子，他就这样没了……本来、本来、本来我还指望着他这次乡试能在南都一举夺魁呢！"显祖道。

汤父年事已高，身体依然硬朗。这位谙熟老庄学说的学者不出仕，颇有几分乐天知命的气质。如今，长孙的猝然而亡让他悲伤，不过在心怀自责与歉疚的显祖面前，他倒承担起了那个安慰者的角色。他知道自己儿子的心结所在，所以能更好地对症下药。

"这个悲剧，当然不能说是你造成的。士蘧这孩子终归是自己也很要强、上进。你对他的期望，在你身上没有实现而加之于他的抱负，确实可能是影响甚至压垮他身心健康的最后一根稻草，但终归还是死生有命罢了。你切莫过于悲伤……听你的意思，这是大半个月前的事了，你也是才知道？士蘧的后事是怎么料理的，可已料理好了？"汤尚贤柔声道。

显祖长叹了口气，回禀父亲："士蘧这半年多一直在南京国子监游学与备考，我还托了不少在南京为官的同年、故交和旧日僚友关照，儿子的门下弟子吴元石、贺知忍也在南京与他一道游学。谁知道入了七月，许是备考辛苦的缘故，蘧儿便生了一

汤显祖跪倒在父亲面前，哭道："您的长孙，我的长子，就这样没了……"

场大病。"

"我记得蘧儿离家赴南京时，虽然瘦弱，倒也康健。怎么就突然病了呢？所以说天有不测风云、人有旦夕祸福，只不过没想到轮到我孙儿头上了，天地无情啊！"汤尚贤感慨道。

"他自小就体弱，或是我给他的精神压力太大，让他不堪重负了……据帅机之子帅从龙以及吴、贺两生来的信上说，蘧儿是病了之后不见好，眼看考期将近，怕辜负家人期望，就服用了人参和白术，想强补一番，却没想到……中元节后一天，就去了。"

此时的显祖几欲哭出，又不忍让老父随自己一起悲切，强行忍住。此时的他，总觉得士蘧的骤逝，自己负有不小的间接责任。倘若病了，休养一阵或许就好了呢？他想，无论是累病还是急于康复而用药不当，总是为这应举之事，而这应举之事，最直接的压力不就来自于他吗？作为一名士大夫，想让自己未能完成的抱负在儿子身上得到延续。作为有志于翰墨的一介文人，想让自己的儿子去实现自己未曾写得的馆阁文章，成为朝廷大手笔。可是呢，自己曾经也不是没有机会：来自权贵的招揽，来自执政者的关切……这些都是他自己主动选择放弃了的，他没有妥协，可放弃了，就能真正忘怀吗？

据寄来的书信，显祖大致明了士蘧当时的情况。他将士蘧如何染病、如何缠绵病榻，如何在用了健补药物后病势转重的情形，一一说给了父亲听。陪伴士蘧度过这段时间的，是显祖的几个门生与晚辈。至于士蘧的后事，则多赖叶向高与李廷机，他的两位进士同年。

叶向高和李廷机都在南京的礼部供职，是被当时的执政大臣排挤的官员，至于这两人在日后都将入阁拜相，倒是后话了。当时的他们，与汤显祖之间兼有公谊与私交，所以对士蘧的后事颇为上心。士蘧去世后，显祖为曾经帮助过他或料理过他后事的这些亲朋故旧一一写信、作诗道谢；更为多次梦见士蘧，以及记起士蘧小时候的诸般景况，而写下了大量的诗文。这或许是一介文人聊以表达和排遣自己哀思的最直接的方式……

此时的汤尚贤也不知道该如何安慰儿子。长孙之殇，不惟对显祖，对已年迈的他自己来说同样是一桩打击。他只能这样安慰儿子："显祖啊，你也不必过于悲伤……蘧儿若地下有知，还是希望你这个做父亲的能看开些吧。李太白说'浮生若梦，为欢几何'，王逸少说'死生亦大矣'，不过是一方面让我们在如梦的人生中深切体会它的每个瞬间，又让我们用为数不多的欢愉来抵抗永远无法战胜的死亡罢了。总之，你一不必自责，二你要振作。"

"另外，说起来，你此前作的两部传奇，《紫钗记》《牡丹亭》固然各有其妙，不过都脱胎自才子佳人的套路。新近成的这部《南柯记》，是从唐人的《南柯太守传》而来吧？前些日子我草草阅过，觉得倒是比此前的新颖些，只是立意过于释家味道了……"

父亲的这番话让显祖陷入了深思。可不是吗？在这梦一般的浮生中，自己这样一个历经世情，有过友情的欢愉、亲情的沉痛的人，可不就是那个从槐树洞进入蚁穴、看到过光怪陆离的世界的淳于棼吗？若说自己对这个世界放得下，那不如干脆随达观大师出家去；若说自己对这个世界执着、沉迷，却又为何一直不愿违背本心、汲汲于功名利禄呢？

接连的丧子之痛仿佛让汤显祖过早进入了暮年——虽然他刚刚过了五十岁。此时，《紫钗记》《牡丹亭》和《南柯记》都已经完成，等待他的"考验"并不多了。他只需要顺其自然、清朗澄澈地去完成自己的余生和事业。

同样是在这一年，达观最后还是没有听从汤显祖的劝阻，终究到北京去了。他常说汤显祖尘根未尽，可是达观自己又何尝不是呢？这些年，身在空门但心怀尘世的达观大师，一直在试图努力以自己巨大的影响力来废除朝廷的一项苛政——矿税。他是出世的，在这件事上却又无比入世，而背后的目的是救世。显祖当然是知道这点的。但从朋友的角度考虑，他在万历二十九年（1601）依然尽了劝阻达观不要赴京卷入政治是非的责任。

两年后，达观还是出事了。他要求朝廷减免矿税的谏文，被奸臣污蔑为"妖书"而兴了大狱。执政大臣甚至想要达观的命。达观说："世法如此，久住何为。"他在狱中沐浴后，端坐其间，说了一首偈语后，就溘然长逝了。而在达观遇到麻烦的这段时间内，显祖和父亲汤尚贤凑了近千两银子准备送到北京去，为营救达观出力。可惜北京并没有反馈好消息回来。

从北京反馈而来的另一个坏消息是，汤显祖从一名告了长假、依然在职但不理事的知县，彻底变成了在野的士绅——他被朝廷正式免职了。这是万历二十九年发生的事。此年汤显祖五十二岁。但本年他却有一桩收获，即新撰的《邯郸记》完稿了。相比于《南柯记》里浓重的佛教色彩，仅有三十折的《邯郸记》以道教的"游仙"思想作结，风格上简洁洗练、返璞归真，算是汤显祖名下成就仅次于《牡丹亭》的作品了。

至此，被后世称之为"临川四梦"的四部戏曲作品全部完成。它们接下来的使命就是——被传播、被阅读、被搬演、被品评、被赞叹和被仿效，持续散发着光辉。

一缕情丝缚茧翁

　　万历三十四年（1606）一个慵懒的午后。玉茗堂里午梦初醒的汤显祖刚起了身，他往脸上抹了一掬冷水，以便自己能迅速清醒过来。算起来，到本年，他已五十七岁。

　　这一掬清凉的水，是他吩咐家人从玉茗堂前的那口水井里打来的。它从脸上掠过，沁入嘴角的部分传递到舌头，竟然还有一丝丝甘甜。汤显祖打算先拆阅一封自南京来的书信，写一封回信，然后再踱步出城——既是健体，也是散心。或许朝文昌桥的方向去闲行，或许邀二三老友去郊外踏访一番他少年时读书的从姑山。这是这些年来他形成的习惯。

对于当时的人来说，到这个岁数，意味着已进入晚年。这是人生的总结阶段。于汤显祖而言，《玉茗堂文集》在南京的出版，毫无疑问，是对他著述生涯的最好总结。刚刚拆阅的书信里说的就是这件事：他被告知，自己的文集在曾工作了多年的南京正式雕版刊行了，寄给作者的样书随后就到。不过，这版《玉茗堂文集》，是不包括他作的那几部戏曲的。相比于文章与诗，戏曲之类的东西，在当时的人们看来，不过是小道而已，大家私下读它、传颂它、搬演它，通常是消遣罢了，一旦拿到台面上来谈，总归是有些扭捏的。

显祖放下手中的信，一时百感交集，决定还是先不作复了。出去走走吧，趁着这午后闲懒的气氛与晴朗的天气。他从玉茗堂出来，打算信步出城，朝抚河和文昌桥去。

"我的毕生心血，难道尽在这《玉茗堂文集》中了吗？"他边闲步边喃喃自语道，"世人识我，多以我为举业名家；文人赏我，多悦于我的诗文。而这些年费尽心血、怀抱幽深的那几部戏曲，又有多少真正的知音呢？在这熙熙攘攘的人群里，会有几个吗？"

虽然如此，文集的出版总是可喜之事。毕竟，这算是"不朽"了吧……为这部文集作序的好友屠隆，在前一年已经去世了。人到晚年，知交零落是常态。前些年长子士蘧夭折，挚友达观大师和李贽皆因陷入风波而被害，此后汤显祖便很少出外交游了。不过，他的交际圈并没有因此而缩小：除与当地及周边的官员、士绅有相对密切的接触外，他更是常与散落各地的故交、同年、文友与门生们保持着频密的通信联系，与他们诗札往来、谈文论道，应邀撰写各种文章或序言。诸如此类的事情充盈于他的日常。当然，他有时也会从临川出发去往南昌等地，会一二老友或办些事务；偶尔也会有至交来临川拜访他，下榻于玉茗堂内。

诗文创作方面依然高产，但戏曲却不再作新的了。或许，在完成了《邯郸记》之后，显祖在这方面的创作热情已经耗尽。但这并不意味着他与戏曲再无关系。《牡丹亭》等几部作品都陆续在各地搬演，他笔下各具特色的文辞与立意，正感染着越来越多的人。

他穿过街衢，穿过城内熙熙攘攘的人群，往抚河走去。循着这样的路线散步、沉思与出神，这些年间几乎已经成了显祖生活的常态，隔几天就要来一遍。良辰美景，赏心乐事，回首前尘，皆如泡影。少年时光宗耀祖的梦想早已消磨，青壮年时渴望匡济天下的抱负已渐渐变淡了，中年的宦海风波犹如自己笔下卢生的黄粱一梦，名心未死、修道无成，或许是为那一个"情"字所牵绊吧——未能忘情于人世，未能忘情于亲情、友情与男女之情。

不过，归隐林泉有年，倒是做了一些顺着自己心意的事情。除了改定"四梦"外，这些年间的他：通过交游与书信，运用自己的影响力，为文坛培养了不少新秀；以撰文的方式，参与了当时戏曲界关于声腔、曲律等理论话题的论战，影响颇大；在玉茗堂中校订了《宋史》《册府元龟》和《花间集》等旧籍，体现了他为学者的一面；前几年，还为邻县宜黄的一个供奉"戏神"的庙宇撰写了一篇《宜黄县戏神清源师庙记》；他还亲自导演自己写的戏曲，将宜伶请到自己家里来试唱，积极扶植宜黄腔，为之鼓与呼，并介绍他们到永新、南昌甚至南京等地演出……

他对这个世界的热爱依旧。不过不是以政治干预的方式，而是以艺术的手段。他自己知道自己这么做的价值，可是，又不那么笃定……直到这次，在文昌桥上遇到了好友周青来。

说起来，如今这文昌桥，还与自己有不浅的因缘呢，汤显祖心想。本来，州城之东的文昌桥始建于南宋乾道元年（1165），原是木桥，曾遭洪水冲毁，至嘉泰年间改为石桥，建造了石礅和石梁，桥面用松木板平铺，用以渡人。十几年前，这座桥又遭意外毁损，于是汤显祖的父亲汤尚贤与叔父汤尚恕兄弟二人牵头，募捐将桥重建了。

等汤显祖自遂昌县任上告假归乡闲居，却发现当初的募捐和重建工作其实没有完成，大桥原本要造十一个桥墩，当时只造了四个，差了七个桥墩没有修建。汤显祖便自己出面牵头，还慷慨解囊，捐出了一笔不小的款项，更与当地吏员筹划张罗，最终在万历二十七年将大桥建成。在桥的附近，他还倡导设立并主持了崇儒书院，用来教授家乡子弟。

这一晃，六七年也过去了。

"青来兄，近日可好？不承想今日桥上偶遇，有缘有缘！"汤显祖向自己这位老友率先问候。一阵风吹来，他一缕花白的胡须上扬，虽然身材矮小，如今倒显得神采飞扬。

周青来正在桥头驻足远望，回过头看见汤显祖，惊喜非常。这对老友有日子没见，如今凑巧遇上，干脆停在桥头闲谈了起来。自从致仕归乡，周青来显得颇为寂寞，要不是有汤显祖这样的大才子和他时常畅谈，他都不知道日子该怎么排遣……

"若士先生，青来这厢有礼了！今夕何夕，得与先生偶遇，如若现下无事，闲谈几句？"周青来朝向他拱手的汤显祖回了个礼，然后迅速往前几步，把住显祖的手臂，生怕他马上就要跑了似的。在临川，能有价值的交谈不多，他似乎不愿放弃每一次机会。

"听说若士先生的文集在南都出版了？"

周青来的消息倒是灵通，只是不知道他从何得知。显祖对周青来对自己平素的关注与热心很是感动，但狷介的性格又使他不好意思直接表达自己的感情，只好微微一笑，谦逊一番："兄的消息倒是灵通得很！就连我自己，也是今日收到信件才知道此书已经版行。说起来，从整理、编订文集，到拿去由友人经手雕印，也有好几年的光景了。不过，过去种种譬如昨日死，那些文字不过是祸枣灾梨，徒然贻笑后世罢了，让你见笑啦！"

"若士说哪里话！谁不知道先生是海内大名家，不止举业，不止诗文，那一手戏曲写得真是……绣口锦心，不折不扣的才子文章，而又深讽世事，辞情俱美——倒要远过于一般的才子文章与传奇俗套了！单你那部《牡丹亭》，据说让娄江女子俞二娘读了断肠而死、杭州女伶商小玲演出后伤心而亡了……可见这是真正打动人心的东西！"周青来道。

"唉！青来兄，造孽啊！这些女子都是可怜人，为着一个'情'字，可真是我当日所写的那样，'生者可以死'般的一往情深呐……说起来，当初听友人提及此事，我还为俞二娘之事作过两首诗哩，青来兄可曾读到过？"没等周青来回答，他便自顾自念诵起来：

周青来对汤显祖说道："你那部《牡丹亭》，是真正打动人心的东西！"

画烛摇金阁，真珠泣绣窗。如何伤此曲，偏只在娄江？

何自为情死？悲伤必有神。一时文字业，天下有心人。

显祖继而告诉周青来，自己新近出版的这部文集是由他的友人编选的，出于编选者和书商的考虑，只是收了诗文，并不包括最早的《红泉逸草》，当然也不包括周青来刚刚盛赞过的那些戏曲传奇。在感慨了两位女子的命运后，他们望向静静流淌的抚河水，一时无言。

首先打破沉默的是周青来。

"我第一时间知晓大著的出版消息，是因为一直关注这件事。若士先生，你看，我们这抚州也算是地处偏僻了，虽说离南昌和南京不远，但总归是寂寞了些。除了这件事，别的事情呀，我真是消息闭塞，一点也不知道呢！如今年齿渐长，耳聋目迷，就更难以和外界通消息了……唉，这倒真像是被困在茧中一般啊……"对于此点，青来感慨颇深。

听了这番话，显祖如遭电击：这是多么好的形容！……困在茧中……不只是发出这番感慨的周青来，其实汤显祖自己，不也如此吗？友人虽多，门生虽多，甚至交道的伶人也多，平日里书简往来谈诗论艺，看上去真是热热闹闹的。可是，为何自己又时常觉得有一股虚无感涌上心头呢？是什么束缚了自己而不能得道？

"青来兄啊，真有你的！此真是绝好的一比，绝好的一比啊！君如茧中人，我又何尝不是？说话间我得了四句，可要吟来与你一听？"他依然自顾自，不等对方回答就吟上了：

不随器界不成窠，不断因缘不弄蛾。大向此中干到死，世人休拟似苏何。

"若士好诗！所谓'春蚕到死丝方尽'，所谓'谁人肯向死前闲'，这些唐人的句子被先生括入，顿生了新的意味。缕缕情丝，层层缠绕，成此一茧。无论你我，皆被束缚于其中啊！但若是个无心之人，无情的好汉，或无欲的神仙，反倒都束缚不住了。"周青来说。

"青来兄这番话真说到我心里去了。此一说深得我心，从此我就号'茧翁'，如何？"继红泉馆主、海若、清远道人、若士等号之后，显祖今番又"收获"了一枚雅号。

"好、好、好！茧翁……茧翁……咱们都老了，是该称翁了。唉，真是岁月如流啊，不知不觉间，我们的一生就过去了……又能在这人间留下点什么呢？"周青来不禁唏嘘。

"是啊，时节如流，每个人终会衰朽，归于尘土，有什么能留得住呢？我们这些茧中人根本就没有见过真正的宇宙天地……如同我笔下闯入大淮安国的淳于棼那样，不过是生活在另一个槐树洞里的蚁穴里罢了，那又何尝不是一个蚕茧呢？"

"可是，若士先生，世人会记住你的！和我们不一样，你留下了'玉茗堂四梦'，留下了杜丽娘、柳梦梅、霍小玉、淳于棼、卢生那些鲜活的形象，留下了许多优美的唱词，还留下了天地间一股子清气，一缕缕缠绕人心的情丝呀！"周青来握着显祖的手道。

文昌桥的对话过去几年后，这位"茧翁"在需求心灵解脱的道路上愈发精进。当然，他的解脱之道还是佛道一途，比如，他曾邀约他的友人、前南京国子监祭酒汤宾尹往庐山栖贤寺隐居，共结莲社，却最终没有实现计划。同时，环绕在他周围的，是多病的肉身、腐败的政治、黑暗的社会和无所能为的无力感。或许，他写下的那些戏曲，以及戏曲里的那个丰富的世界，是留给他的最后的精神安慰吧。接下来，到万历四十三年（1615），老父于八十几岁上去世，第三子汤开远中举，而汤显祖自己，则已迈入人生的倒数第二个年头。

　　在人生的最后日子，汤显祖回忆起平生知交、师友亲朋，深感到自己这辈子的成就配不上他们的期望，并没能如其名那样"显祖"，为此写了一篇《负负吟》。那是他的绝笔。

　　这位为一缕"情丝"所牵缠的"茧翁"，当时或许未必知道自己是真正不朽的吧。他与世界告别的时候，尤觉自己的不足，而不知道后世之人对他的感激之情有多深……

汤显祖
生平简表

●◎**明世宗嘉靖二十九年**（1550）

———————————————————————

八月十四日（9月24日），生于江西抚州府临川县城东文昌里，父汤尚贤，母吴氏。

●◎**嘉靖四十二年**（1563）

———————————————————————

十四岁。补县诸生。

●◎**明穆宗隆庆三年**（1569）

———————————————————————

二十岁。十二月四日，娶吴氏为妻。

●◎隆庆四年（1570）

二十一岁。江西乡试（秋闱）以第八名中举。

●◎明神宗万历四年（1576）

二十七岁。春，客宣城，与沈懋学、梅鼎祚等交游。

●◎万历五年（1577）

二十八岁。首相张居正欲其子及第，网罗海内名士，闻汤显祖及沈懋学之名，命人延致，遭显祖婉拒。

●◎万历六年（1578）

二十九岁。冬，吴氏夫人生长子汤士蘧于临川。

●◎万历七年（1579）

三十岁。《紫箫记》约在这年秋作于临川。

●◎万历十一年（1583）

————————————————————

三十四岁。会试以治《尚书》而取中第六十五名，得参加殿试，以第三甲第二百十一名同进士出身。

●◎万历十二年（1584）

————————————————————

三十五岁。不受辅臣申时行、张四维招致，赴南京就任正七品的南京太常寺博士。

●◎万历十五年（1587）

————————————————————

三十八岁。经《紫箫记》改编而成的《紫钗记》约成于此年。这是后来被称为"临川四梦"的汤显祖戏剧代表作中最早诞生的一部。

●◎万历十九年（1591）

————————————————————

四十二岁。被贬为广东徐闻典史。

●◎万历二十一年（1593）

———————————————————

四十四岁。量移浙江遂昌知县。在遂昌任上五年，先后建相圃书院，作《感宦籍赋》，为矿税作《感事诗》等。渐生隐退之念。

●◎万历二十六年（1598）

———————————————————

四十九岁。归临川，建玉茗堂。《牡丹亭》完稿。

●◎万历二十八年（1600）

———————————————————

五十一岁。作《南柯记》。长子汤士蘧卒，得年二十三岁。

●◎万历二十九年（1601）

———————————————————

五十二岁。吏部令罢职闲住。《邯郸记》成于本年。

●◎万历四十四年（1616）

———————————————————

六十七岁。作《负负吟》《诀世语》《忽忽吟》等。

六月十六日（7月29日）亥时，汤显祖逝世。